파괴자들
ANTI의 역습

파괴자들
ANTI의 역습

왜 우리는 그들을 두려워하나?

김인순, 김재연, 손재권, 엄태훈 지음

한스미디어

왜 우리는 그들을 두려워하는가?

2014년 10월, 이사하기 위해 서울 강남의 논현동 가구 매장에 간 적이 있었다. 이케아IKEA가 한국에 진출한다는 소식에 가구 매장들은 꽤 긴장하고 있다. 국내 한 중견 가구 업체는 건물 전체를 쇼룸으로 만들기도 했다. 이케아가 한국에 오기 전에 이케아처럼 쇼룸을 만들어서 소비자들이 직접 보고 가구를 구매할 수 있도록 한 것이다.

건물 전체를 쇼룸으로 만들고 직원이 친절하게 설명하고 가격과 가구의 성능에 대해 얘기해주는 모습이 인상적이었다. 이 직원은 계속 따라다니면서 침대부터 소파까지 거의 모든 가구에 대해 설명해줬다. "오늘, 적어도 내일까지 구입하시면 특별 할인을 받을 수 있습니다. 특히 침대는 새로 나온 것이어서 오늘 구입하시면 다른 가구를 살 수 있도록 쿠폰도 드립니다. 서두르세요"라고 말했다.

순간 망설였다. 새 침대가 필요했는데 특별 할인에다가 쿠폰까지 받을 수 있는 기회라고 판단했기 때문이었다. 하지만 당장 그 자리에서 직원의 설명만 듣고 구매할 수는 없었다.

인터넷으로도 가격을 뒤져보고 그 가구에 대한 주변의 평판도 들어야 했다. 그래서 "인터넷에서 좀 보고 다시 올게요"라고 했더니, 그 직원은 "인터넷에서 보는 제품과 여기에서 보는 제품은 다릅니다. 인터넷이 저렴하긴 하지만 여기에서 보신 제품이 없는 게 많아요. 적어도 내일까지 구매하셔야 할인을 받을 수 있어요"라고 설명했다.

가구는 가격이 높고 한 번 구매하면 오래 쓴다는 생각 때문에 신중하게 판단하게 된다. 애초 가격과 제품을 보는 것(윈도쇼핑)이 목적이었기 때문에 구매하지 않고 나왔지만 각종 쿠폰이 떠오르며 '살걸 그랬나' 하는 생각도 들었다.

하지만 좀 더 구체적으로 알아본 결과 '역시나'였다. 해당 가구 회사는 많은 대리점을 보유하고 있는데 가구가 대리점마다 가격이 다르다는 것이다. 오프라인 매장에서 판매하는 제품은 인터넷에는 없고 인터넷용 가구도 오프라인 매장에서는 볼 수 없는 것이 많았다. 이 가구 회사에서 정식으로 제공하는 할인보다 대리점에서 다양한 할인을 받아 사는 것이 더 현명하다는 조언도 들었다.

과연 가구의 정가는 있을까? 조금이라도 저렴하게, 아니 최소한 속았다는 느낌(구매 후에 더 저렴한 제품을 인터넷이나 주변 지인으로부터 발견)이 들지 않으려면 손품(인터넷 검색 등)과 발품(대리점 직접 방문)을 팔아야 했다.

새집에 들여놓을 가구를 사기 위해 얼마나 시간과 비용을 들여야 할까? 온라인과 오프라인 매장의 소폭의 가격 차이는 인정하더라도 제품의 종류까지 다르다고 한다면 어떻게 해당 가구를 신뢰할 수 있을까? 그렇다면 모르는 게 약일까? 어쨌든 집을 좀 더 편안하고 행복하게 꾸미기 위해 가구를 구입하는 과정은 결코 행복하거나 편안하지 않았다.

한국에 1호점을 낸 이케아가 개점 전부터 큰 관심을 받았던 이유는 바로 이 지점에 있을 것이다. 이케아의 등장으로 한국의 가구 및 실내 인테리어 시장은 큰 변화가 예상된다. 이케아는 2014년 말 경기도 광명에 한국 1호점을 낸 이후 2호, 3호점도 계속 오픈할 예정이다.

스웨덴에서 출발한 이케아는 네덜란드에 본사를 두고 있는 가구 전문업체로 세계 42개국 345개 매장에서 조립가구와 인테리어 소품을 판다. 저렴하지만 디자인이 뛰어나기 때문에 진출한 나라마다 큰 화제를 불러일으켰다. 창고형 할인마트 코스트코Costco가 한국에서 할인매장의 개념을 바꿔놓았듯 이케아도 한국인들의 '가구'에 대한 생각과 구매 방식을 바꿀 것으로 기대된다.

이처럼 기대와 관심은 소비자의 긍정적 기대만을 나타내지 않는다. 중소기업이 대부분인 국내 가구 업체들과 대리점을 운영하는 소상공인들은 이케아를 '공룡'으로 표현하면서 국내 가구 시장을 파괴할 것으로 우려했다. 이케아가 한국에서 큰 성공을 거둔다면 국내 중소기업들은 더 어려워지고 대리점 운영주와 가구 업계 종사자 중 일부는 일자리를 잃을 수 있다는 것을 의미한다. 이케아가 개점하기 전 언론 보도에서도 이 점이 강조됐다.

일부에서는 이케아가 한국에 진출하기 전에 나온 현상을 두고 '이케아 포비아'로 부르기도 했다. 이들에게 이케아는 저렴하다거나 디자인과 질 좋은 가구를 의미하지 않는다. 이케아의 가구 자체가 눈높이가 높은 한국 소비자들에게 큰 매력으로 다가올지에 대해서는 의문이 드는 것도 사실이다. 하지만 합리적 소비를 원하는 한국인들에게 이케아는 '새 시스템'과 같은 의미로 받아들여질 가능성이 크다. 가구와 인테리어 소품 등을 유통하는 과정, 가격 결정, 소비자의 선택, 온·오프라인의 통합 등 종합적 시스템의 변혁을 의미할 것이다.

기존 시장을 파괴할 것으로 예상된 회사들이 한국에서 반드시 성공한 것은 아니었다. 월마트, 까르푸 등은 한국에서 적잖은 충돌을 일으키고 철수하기도 했다. 본사 시스템의 한국화, 현지화에 어려움을 겪었다. 하지만 이케아는 다를 가능성이 높다고 본다. 저렴해서가 아니라 소비자 경험을 통해 새로운 가치를 창출하기 때문이다. 또 소비자들이 직접 가구를 조립해야 하는 등의 불편함을 유발함에도 인기가 높은 것은 합리적 소비 시스템 때문일 것이다. 온라인과 오프라인 제품의 가격이 다르지 않고 저렴하며 브랜드에 대한 신뢰가 높다.

한국 소비자들이 이케아만큼 기다리는 또 다른 브랜드는 바로 아마존Amazon.com이다. 한국에서는 전자책 '킨들'이 유명하며 정보기술ICT 관련 업계에서는 아마존웹서비스AWS라고 하는 클라우드 시스템으로 잘 알려져 있다. 전자책 킨들은 한국에 많이 보급되지는 않았지만 애플 아이패드, 갤럭시 탭 등의 태블릿PC에서도 앱(응용 프로그램)으로 사용할 수 있다. 아마존웹서비스는 비교적 저렴하고 서비스가 안정적이어서 신생기업(스타트업)들이 많이 이용하고 있다.

한국 소비자들이 진정 아마존을 기다리는 것은 아마존닷컴, 즉 가전, 의류에서부터 생활용품까지 모든 것을 파는 온라인 쇼핑몰이다. 아마존은 '원클릭' 시스템으로 미국은 물론 글로벌 온라인 비즈니스를 평정하고 있다. 아마존닷컴은 추천 시스템이 잘 갖춰져 있어 원하는 제품을 고르기 쉽고 신용카드 정보가 시스템에 등록되어 있어 단 몇 번의 클릭만으로 결제까지 쉽게 이어진다. 원하는 제품을 쉽게 살 수 있다는 것이 큰 장점이다. 아마존은 네이버 실시간 검색어 1위에 오른 적이 있다. 아마존이 한국에 진출할 예정이라는 소식 때문이었다.

한국 소비자들이 아마존의 한국 진출을 기다라는 이유는 유명해서가 아니다. 한국에서 인터넷 쇼핑 환경이 열악하고 결제가 매우 복잡하기 때문일 것이다. 쇼핑을 하기 위해 수많은 보안 프로그램을 깔아야 하고 이 때문에 컴퓨터가 느려지는 경험을 한 소비자들이 적지 않다. 구매를 결심했다고 하더라도 결제까지 시간도 오래 걸린다.

특히 매해 11월 말 블랙프라이데이가 오면 아마존에 대한 관심은 더욱 높아진다. 한국에서 판매하는 제품의 가격에 대한 불신도 '아마존' 클릭으로 이어지는 것이다. 일명 해외 직구(직접구매)로, 해외에서 판매되는 제품이 한국에 들어올 때 각종 세금과 유통 업체의 마진 등으로 비싸지자 해외에서 직접 구매해 한국으로 배송하는 시스템이다. 의류 제품이나 명품 가방 등은 해외 직구가 쇼핑 트렌드로 정착된 지 오래다. 특히 한국은 미국에서 30~40달러 수준(할인 시 더 저렴함)인 폴로 티셔츠를 한 벌에 10만 원이 넘게 판매하는 등 그동안 수입 업체들이 터무니없는 가격으로 폭리를 취해왔다는 인식 때문에 해외 쇼핑몰이 큰 인기를 끌고 있는 것이다.

실제 한국은행이 2014년 10월 내놓은 〈최근 해외 직구 동향 및 시사점〉에 따르면 2014년 상반기 해외 직구는 727만 6000건, 그 규모는 7538억 원에 이른다. 2013년 같은 기간에 비해 각각 45.7%, 48.5% 늘어난 수치다. 해외 직구는 대부분 인터넷으로 하기에 늘어난 해외 전자상거래 규모도 해외 직구 유행을 반영한다.

2014년 8월 말까지 해외 직구 전자상거래 규모는 988만 3000건, 9억 5446만 7000달러를 기록했다. 2013년 같은 기간과 비교해 건수는 45%, 금액 기준으로는 53% 늘어난 것으로 이 같은 증가율은 지난 2011년(각 56%, 72%) 이후 3년 만에 최고치이며 매년 기록을 경신할 것으로 보인다.

국내 오프라인 유통 업계나 백화점, 할인점, 온라인 쇼핑몰은 아마존 포비아 상태다. '아마존이 한국에 진출한다면'이라는 단서를 달고 있다. 강력한 소프트웨어를 무기로 한 아마존이 수십 년간 이어온 한국 유통의 관행을 파괴할 수 있는 잠재력이 있다고 판단됐기 때문일 것이다.

미디어 분야에서 이케아나 아마존 못지않게 두려움의 대상이 되고 있는 기업은 넷플릭스Netflix다. 넷플릭스는 태블릿, 스마트폰, TV 등 스크린에 상관없이 앱을 받으면 영화, TV 드라마 등을 시청할 수 있는 서비스다. 언제 어디서나 원하는 영화나 TV를 시청할 수 있다는 개념은 처음 나온 건 아니지만 넷플릭스는 간결한 사용자환경UI과 강력한 콘텐츠 추천엔진, 그리고 자체 제작 드라마를 통해 미국과 유럽의 미디어 시장을 재편하고 있다.

그래서 한국 유료 및 무료 방송사는 2013년부터 넷플릭스 분석에 열을 올렸으며 '넷플릭스가 한국에 곧 진출할 것이다'란 가정으로 서비스를 준비했다. 실제 한국의 L 통신 사업자는 1만 2000편의 영화를 볼 수 있는 서비스인 '유플릭스'를 시작했다. 넷플릭스의 한국판을 미리 시작한 것이다.

넷플릭스 또한 한국 진출 여부가 불확실하다. 저작권 문제 등이 아직 해결되지 않았기 때문이다. 영화나 TV 드라마는 각국별로 판권을 판매하기 때문에 넷플릭스가 한국에 진출해서 사업을 하려면 저작권 문제를 해결해야 한다. 그러나 한국이 K팝, K드라마의 진원지이자 아시아 문화를 주도하고 있기 때문에 언제든 한국에서도 넷플릭스 서비스를 볼 가능성은 높다.

넷플릭스가 파괴적인 이유는 다운로드 방식의 미디어가 아닌 스트리밍 흐름을 만들었고 시청자 입장에서 복잡하지 않고 간편하게 영화를 볼 수 있었기 때문이다. '언제 어디서나 원하는 영화를 본다'는 개념은 간단하지만 결코 간단하지 않다. 지하철이나 버스에서 스마트폰으로 보던 영화를 집에 들어가자마자 TV로 이어서 시청하는 것은 당연해 보이지만 이것을 가능하게 한 사업자는 많지 않았다. 처음부터 다시 시작해서 봤던 부분까지 돌려야 했기 때문이다. 그러나 넷플릭스는 이것이 가능했다. 더구나 비슷한 취향의 시청자, 페이스북 친구가 본 영화들을 추천해줘서 좋은 영화를 '고르는' 귀찮음을 해소해줬다.

한국에서는 더욱 힘들었다. 한국 미디어 산업은 이해관계가 복잡하고 규제가 많기 때문이다. 케이블TV, 위성방송, IPTV 등 유료방송과 무료인 KBS, MBC, SBS 등 지상파 방송사 간 경쟁이 치열하다. 위성 DBM, 지상파 DMB라는 획기적인 모바일 방송 기술을 세계 최초로 개발, 상용화에 성공했지만 글로벌화에는 실패했다. 어디까지나 지금까지 미디어는 국내 미디어 업체들 간 경쟁이었다. 하지만 앞으로는 아니다. 세계 최대 동영상 사이트 구글 유튜브는 이미 한국의 미디어 시장을 재편하고 있으며 '유플릭스'가 나왔듯 넷플릭스도 이미 한국에 영향을 주고 있다.

자동차 시장에서는 전기차 테슬라Tesla가 태풍의 눈이다. 한국에 출시되지도 않았고 아직 계획도 잡고 있지 않지만 벌써 영향을 주고 있는 것이다. 테슬라의 일거수일투족은 한국 미디어에 보도되고 현대·기아자동차는 물론 전기자동차용 2차전지(배터리)를 만드는 삼성 SDI, LG화학 등의 주가에도 영향을 미친다. 테슬라가 세계 최대 규모의 2차전지 공장을 짓는다고 발표하자 국내 2차전지 회사들의 주가가 크게 떨어지기도 했다. 테슬라는 미국 캘리포니아 팔로알토에 본사를 둔 전기자동차 회사다. 지난 2012년 모델S를 생산하기 시작해 전 세계 전기차 열풍을 주도했다.

한국 도로에는 테슬라는커녕 전기차도 잘 보이지 않는다. 하지만 한국 소비자들은 이미 알고 있다. 전기차가 미래이며 앞으로 한국에서도 선보일 수밖에 없다는 것이다. 실제 박원순 서울시장이 미국 캘리포니아 주 프레몬트에 있는 테슬라 공장에 방문해서는 카카오스토리에 "테슬라 자동차 회사를 어제 방문하고 공장도 돌아보고 자동차를 직접 몰아보기도 했습니다. 전혀 새로운 콘셉트의 자동차 산업이 탄생한 것을 발견했습니다. 단순히 주행거리를 늘린 전기자동차가 탄생했다는 것뿐만 아니라 전혀 새로운 디자인, 완전한 전자장치 등 기존 자동차와는 판이한 것입니다. 이제 제5의 산업혁명이 일어나고 있습니다. 다양한 아이디어와 영감을 얻었습니다"라고 소감을 밝히기도 했다.

테슬라 자동차가 한국 도로에서 보이는 순간 한국 자동차 시장이 바뀔 가능성도 크다. 빠르고 안전하며 친환경차인 테슬라 모델S는 한국 소비자에게도 어필할 것으로 예상된다. 마치 애플 아이폰과 같을 것이다. 한국 소비자들이 아이폰을 실제 보기 전까지는 그 영향을 알지 못했으나 도입된 이후에는 아이폰 열풍이 불었던 것처럼 전기차 열풍이 불 것으로 예상된다.

아마존, 넷플릭스, 테슬라, 이케아는 기존 강자들이 버티고 있던 질서를 파괴하고 새로운 시장을 만든 진정 파괴자들Disruptors이다. 한국 소비자들은 아직 접할 기회가 없었다는 공통점이 있다. 이케아를 제외하고는 한국 진출을 공식화하지 않았다. 하지만 한국에서도 벌써 진출한 것과 마찬가지일 정도의 파괴력을 보이고 있으며 관련 업계는 '언젠가는' 진출한다고 보고 대비하고 있기도 하다.

그래서 왜 한국의 유통, 미디어, 자동차, 가구 업계는 이들을 두려워하는지 좀 더 쉽게 분석하고 알리고자 《파괴자들 ANTI의 역습》을 기획하게 됐다. 2013년 11월 출간된 《파괴자들》에 일부 언급된 내용도 있으나 기업들을 집중해서 분석하고자 했다.

이들 기업의 이니셜 앞 자를 따보니 A.N.T.I.가 됐다. 마치 정체된 성장 잠재력에 헤어나지 못하고 새로운 기운이 좀처럼 나타나지 않은 한국 상황과 반대되는 것 같았다.

《파괴자들》의 저자 〈매일경제〉 손재권 기자와 파괴적 혁신 기업에 오랫동안 관심을 가져왔으며 수차례 실리콘밸리를 다녀오고 취재한 김인순 〈전자신문〉 차장, 그리고 미국 샌프란시스코 및 베이Bay 지역에 거주하면서 파괴적 기업들의 혁신 사례를 직접 경험 중인 스타트업 루아닷컴의 엄태훈 대표, UC버클리에서 정치학 박사 과정에 재학 중인 김재연 씨가 함께 집필했다.

실리콘밸리발 혁신은 아직 한국의 일반 대중들에게는 익숙하지 않다. 소위 T.G.I.F.라 불리는 트위터, 구글, 아이폰(애플), 페이스북 등만이 잘 알려졌을 뿐이다. 더구나 한국에서 영업을 하지 않은 4개 기업을 대상으로 분석한다는 것은 쉽지 않은 작업이었다. 하지만 그 어떤 분석보다 직접 경험해본 것만 못하다는 판단으로 접근했다.

무엇보다 한국의 신생기업(스타트업)과 새로운 미래를 꿈꾸는 분들에게 용기가 됐으면 한다. 이들은 전통적인 강자가 아니라 강력한 앙트러프러너십Entrepreneurship(기업가정신)으로 무장한 기업들이었다. 기존 기업이나 그 기업에 종사하는 임직원들의 이익이 아닌 소비자에게 이익을 주기 위해 혁신을 게을리하지 않고 있다는 점을 주목해야 한다. 한국에서도 A.N.T.I. 기업이 혁신했던 방식으로 접근한다면 큰 기회가 올 것으로 확신한다.

TESLA

NETFLIX

AMAZON

AMAZON
NETFLIX
TESLA
IKEA

1장

이케아의 문화혁명

Disruptors

이케아코리아 광명역점 조감도

2014년 대한민국 가구 업계의 가장 큰 화두는 '이케아_{Ikea}'였다.

가구 업계뿐이던가. 주방용품 업체들도 들썩거리고 이케아 1호점이 들어설 경기도 광명과 인근 지역 경제는 1년 내내 이케아 관련 소식을 주고받으며 살았다. 이케아가 지역 경제와 관련 산업에 미치는 영향이 엄청날 것이라는 예측 때문이었다. 인터넷 포털 네이버 실시간 검색어 1위에 오르기도 했다.

이케아를 직접 경험해보거나 실제 구매한 사람들은 많지 않다. 하지만 '엄청나다'란 소문 속에 2013~2014년 한국 경제 산업의 한가운데 있었다. 지역 상인들은 계속 반발하고 있고 가구 업계는 벌써부터 구조 조정에 돌입했다.

언론에서는 이케아에 대한 분석 기사를 쏟아내고 강점과 약점을 파악하기에 여념이 없었다.

"이케아 상륙 앞둔 광명 가구거리 축제 속 근심"

– 〈뉴스토마토〉, 2014년 9월 3일

“정규직 지원자에게 계약직 강요… 글로벌 갑질 이케아”

– 〈아시아경제〉, 2014년 9월 5일

“이케아, 주방가구 시장까지 기웃기웃”

– 〈파이낸셜뉴스〉, 2014년 9월 3일

“가구공룡 이케아 무섭지 않아”

– 〈경인일보〉, 2014년 8월 26일

“경제 히스토리–이케아, 넌 누구냐… 불편을 팝니다”

– 〈국민일보〉, 2014년 8월 22일

위의 기사들은 2014년 12월 오픈이 예정된 이케아에 대한 공포와 기대가 섞여 있음을 잘 보여준다.

하나금융경영연구소에서는 2014년 9월 〈이케아의 진출로 중소 가구 업체 피해 우려〉란 리포트를 내고 이케아가 한국형 배송 방식을 도입하고 가구 사이즈와 포장 규격을 정형화하는 등 현지화에 집중하며 조립식 가구 판매로 원가절감 및 가격 차별화에 성공해 계획대로 2020년 점포당 1500억 원의 매출을 달성하면 국내 가구 시장에서 7500억 원(5개 점포)에 달하는 시장규모를 이룰 것으로 예상했다.

한국의 가구 시장이 2015년 11조 원에서 연평균 3%씩 성장하여 2020년에는 13조 1000억 원에 달한다고 추정하면 오는 2020년 이케아가 국내 가구 시장에서 차지하는 시장점유율은 5.7%, 가정용 가구 시장에서 차지하는 점유율은 19%에 달한다는 전망을 내놓기도 했다. 공식 오픈하지도 않았는데 2020년까지 점유율을 예측할 정도다.

2013년 8월 기준 이케아 현황

품목	직원	연간 매출	전 세계 매장	매장 방문 고객	이케아 앱 다운로드
9500개	15만 1000명	44조 5000억 원	42개국 345개	7억 7500만 명	970만 명

한마디로 '이케아 효과 IKEA Effect' 또는 '이케아 공포 Fear of IKEA'라고 불러도 무방할 정도다.

하지만 이케아 입장에서는 이 같은 반응이 새로운 것이 아니다. 이케아는 44개국에 진출해 있는데 진출하는 나라마다 숱한 화제를 불러일으켰으며 예외 없이 주변 소상공인과 지역 상권의 반발을 불러왔다. 하지만 소비자들은 좋아했다. 저렴한 가격에 좋은 디자인의 가구와 소비재를 구입할 수 있기 때문이다.

이케아의 인도 진출은 오랜 숙원이었는데 지난 2013년 10년간의 시도 끝에 인도 정부에 허가를 받았지만 아직 첫 번째 스토어를 오픈하지 못했다. 첫 스토어가 인도 하이데라바드가 될 것이란 얘기만 무성할 뿐이다.

이케아는 약 2조 원을 투자해 인도 전역에 25개 정도 매장을 열 계획을 발표했지만 외국 도소매 업체의 진입을 꺼리는 인도 정서와 엄청나게 복잡한 규제 탓에 여전히 '종이'에 머물러 있는 상태다.

인도에서는 이케아 진출을 막기 위해 매장에 푸드코트와 스웨덴식

미트볼 등을 팔지 말라고 규제를 했다. 가구만 팔라는 것인데 이케아
는 받아들이기 어려웠다.

　이케아의 무엇이 공포에 떨게 하고, 소비자들은 무엇을 기대하는 것
일까?

가장 위험 지역에 지은
이케아 스토어

지난 2002년 3월.

미 캘리포니아의 '이스트 팔로알토East Palo Alto' 시의회에서 함성이 터져 나왔다. 3년간의 토론과 설득 끝에 미국에서 18번째 이케아 매장인 이스트 팔로알토점 건설이 허가되는 순간이었다.

이스트 팔로알토 시 당국자들은 이케아 유치에 총력을 기울였다. 이스트 팔로알토 시는 고급 주택가와 명문 스탠퍼드대학이 있는 팔로알토 시 바로 옆에 위치한다. 하지만 이스트 팔로알토의 실업률은 전국 평균의 2배에 달하고 켈리포니아 주 내에서 범죄율이 가장 높은 도시 중 하나다. 샌프란시스코와 베이 지역을 말하는 실리콘밸리에서 가장 위험한 지역이다.

도로 정비와 경찰력 증가 등에 필요한 세수 마련에 목말라 있던

이케아 이스트 팔로알토점 입구

이스트 팔로알토 시는 550개의 새로운 일자리 창출과 180만 달러 이상의 세수 증가를 약속한 이케아에게 4만 ㎡에 이르는 매장 건축을 허가하지 않을 수 없었다.

시 당국은 유치하려 했지만 모든 지역 주민들이 환영한 것은 아니었다. 교통 혼잡을 걱정하는 주민들과 상권 침해를 우려한 자영업자들의 강한 반대가 있었다. 이런 곳에 대규모 소매상점을 여는 것에 대한 우려도 있었지만 임대비용이 비교적 저렴한 도시의 외곽에 넓은 창고형 매장을 짓는 것은 이케아의 전통적인 경영 전략 중 하나였다.

2003년 8월 25일.

어둠이 채 걷히지 않은 이스트 팔로알토의 푸른색 콘크리트 건물 앞에 사람들이 모여들기 시작했다. 이들은 다음 날 아침 첫 개장을 준비 중인 이케아 매장에 들어가기 위해 미리 줄을 서려는 사람들이었다. 서서히 날이 밝기 시작하자 모인 사람들의 숫자는 점점 늘어서 5000여 명의 사람들이 길을 가득 메웠다. 교통정리와 안전 유지를 위해 90명의 경찰 인력이 주변에 추가로 배치됐다.

사람들은 평균 한 시간 이상 줄을 서야 매장으로 들어갈 수 있었고 이케아 측은 개장 당일만 대략 1만 6000명의 소비자들이 물건을 구입했을 것으로 예측했다.

그 뒤로도 일주일 넘게 이케아 매장 옆 101 프리웨이는 스웨덴 포장가구를 사기 위해 주변 각지에서 차를 몰고 온 사람들로 심한 교통체증을 겪어야 했다.

개장 후 10년 이상 지난 지금 이스트 팔로알토 이케아 주변에는 전자제품과 건축자재를 판매하는 다양한 상점들이 들어섰고 레스토랑과 새로운 주택 건물들이 계속 지어지고 있다.

소위 '이케아 효과'다.

2014년 7월 20일.

이케아 이스트 팔로알토점을 다시 방문했다.

일요일 늦은 오후에 갔음에도 사람들이 많았다. 아니, 일요일이기 때문에 사람이 많다고 보였다. 이케아 음식을 파는 이케아 푸드에는 저녁을 해결하려는 사람들이 많았고 많은 소비자가 이케아에 살 만한 물건이 없나 돌아다녔다.

한국인들이 아는 것처럼 이케아에 '가구'를 사기 위해 이케아를 가는 것은 아니다. 이케아는 알려진 것처럼 '가구점'이 아니다. 실제 이케아에 가보면 가구뿐만 아니라 조명기구와 주방기구도 있고 어린 아이 색연필까지 판다. '백화점'이란 말을 안 붙였을 뿐이지 다양한 물건을 살 수 있다는 면에서 백화점과 다를 바가 없다. 식품매장만 없을 뿐 이마트와 홈플러스 등 대형 쇼핑매장과 비슷하다. 이케아에 가구 사러 가는 것이 아니라, 그냥 제품을 구경하러 가고 쇼핑하러 간다.

이케아의 창업자는 잉바르 캄프라드다. 캄프라드가 17세 때 우편 판매 잡화상으로 시작한 이케아는 현재 380억 달러의 매출을 올리는 전 세계 최대의 가구 및 생활용품 판매 회사가 되었다. 이케아는 현재 44개국 총 355개의 매장을 운영 중인데 지금도 매해 평균 15개의 매장을 새로 열며 공격적인 글로벌 확장을 계속하고 있다.

이케아는 한 해 5억 명 이상이 방문하는 세계에서 가장 인기 있는 가구매장이지만 사람들에게 이케아 가구를 왜 사는지 물어보면 보통 나중에 '제대로 된' 가구를 사기 전까지 당분간 사용할 가구로 산다고 얘기한다. 그리고 실제로 많은 사람이 시간이 좀 지나 경제적 여유가 더 생기면 이케아 가구를 '졸업' 한다.

이케아는 화려한 장식을 억제하고 실용성과 단순함을 강조한 스칸

이케아의 창업자 잉바르 캄프라드

디나비아 디자인 가구를 누구나 살 수 있는 저렴한 가격에 판매한다. 하지만 대부분 사람에게 이케아 가구는 한 번 장만하면 평생을 사용하고, 경우에 따라서는 대를 이어 물려주기도 하는 집안의 소중한 재산이 아니다. 유행에 따라 쉽게 구입했다가 고장 나거나 새로운 유행이 오면 교체되는 소모품이다.

이케아에 대한 우리의 이런 양가적 감정은 '좋은 품질'과 '싼 가격'이라는 서로 모순되는 제품의 두 가지 가치 사이에 균형추를 찾으려는 이케아의 끊임없는 고민이기도 하다.

IKEA, I부터 A까지:
이케아 혁명의 시작

이케아 창업자 잉바르 캄프라드가 어릴 때 일화다. 그가 장사를 하겠다며 이것저것 계속 집에 가져오자 어머니는 걱정하기 시작했다.

"그 많은 연필이랑 지우개를 도대체 누가 산다고 그러니?"

하지만 그는 물건 살 사람이야 어디든 있을 것으로 생각해서 고집을 굽히지 않았다. 그리고 일단 뭔가 하기로 결심하면 꼭 하고야 마는 성격이었다.

중3이 되자 애들 장난 같던 캄프라드의 첫 사업도 조금씩 진짜 회사의 모습을 갖춰가기 시작했다. 스웨덴 오스비에 있던 캄프라드의 학교 기숙사 침대 밑에는 언제나 다른 사람들에게 팔 벨트, 지갑, 시계, 펜 등이 가득 찬 갈색 박스가 놓여 있었다.

장사에도 제법 소질이 있었고, 학교 성적도 아주 좋았기 때문에 그의 아버지는 선물로 현금을 좀 보내주셨다. 17세이던 캄프라드는 고트버그에 있는 상업학교로 진학하기 전에 사업을 시작해보고 싶었다. 하지만 스웨덴법상 미성년자였던 그는 보호자 허가서가 필요했다.

자전거를 타고 6km 떨어진 아구날드 마을에 사는 언스트 삼촌을 찾아가 사업을 시작하고 싶다고 말씀드렸다. 삼촌은 처음에는 이해할 수 없다는 표정을 지었지만 하던 농사일을 잠시 멈추고 집으로 들어와 다시 물었다.

"무슨 사업을 하겠다고?"

그는 열심히 사업 구상을 삼촌에게 설명했고, 드디어 삼촌의 서명을 받아냈다.

캄프라드는 10크로나(스웨덴의 화폐단위)와 함께 보호자 허가서를 자치의회로 보냈다. 회사명은 그의 이름 Ingvar Kamprad의 이니셜인 I와 K, 그리고 어릴 때 자란 농장 Elmtraryd과 마을 Agunnard의 이름을 딴 E와 A를 붙여 IKEA로 정했다.

유난히 햇살이 좋던 봄, 언스트 삼촌 댁 주방에서 이케아는 시작됐다.

그에 대한 일화는 지금도 현재 진행형이다. 예를들어 이런 식이다. 회색 점퍼 차림에 한 노인이 동네 재래시장을 찾았다. 단정한 모습의 노인이 신고 있는 구두는 10년 이상 신었을 법한 낡은 것이었다. 노인은 두꺼운 안경을 끼고 과일 가게에서 가격을 꼼꼼히 비교해

가며 물건을 고르고 있었다. 몇 가지 과일과 채소를 골라 든 노인은 곧 능숙한 솜씨로 가격 흥정을 시작했다. 늦은 오후 시장이 파할 즈음 재래시장에서 흔히 볼 수 있는 광경이었다.

"이제 곧 문 닫을 시간인데 좀 싸게 해주세요."

부인 마가레타는 남편의 이런 모습이 이제는 익숙하다는 듯 뒤에서 웃으며 지켜보고 있었다. 주변 다른 손님들과 전혀 차이가 없어 보이는 이 평범한 노인에게 한 가지 조금 특이한 점이 있다면, 들고 있는 장바구니가 낡은 푸른색 이케아 쇼핑 가방이라는 것이다.

마을 재래시장에서 가격을 깎고 있는 이 88세의 노인은 이케아의 창업자이자 2012년 〈블룸버그〉 억만장자 지수Bloomberg Billionaires Index 에서 세계 5번째 부자로 뽑혔던 잉바르 캄프라드다.

스티브 잡스의 애플이 그렇듯 많은 회사의 조직 문화는 강력한 리더의 그림자 밑에서 싹트고 자라게 된다. 잉바르 캄프라드는 87세에 이케아 회장직에서 물러날 때까지 무려 70년 동안 직원들의 아버지 같은 존재로 회사 경영 및 사내 문화 형성에 지대한 영향을 끼쳤다.

잉바르 캄프라드는 스웨덴 남부 알름훌트Almhult 지역 독일 이민자 가정에서 태어났다. 그의 조부인 아킴 캄프라드는 1894년 스웨덴 스몰랜드Smaland 지방에 임야를 구입해 가족과 함께 독일에서 이민 왔다. 하지만 아킴 캄프라드의 희망적 예상과는 달리 스몰랜드 지방은 토양이 거칠고 척박해서 농사를 짓기에 매우 어려운 곳이었다. 따라서 이 지역 사람들은 이런 힘든 환경에서 살아남기 위해 검소함과 성실함이 몸에 배어 있었다. 잉바르 캄프라드 역시 자라면서 이런 소박하고 근면한 삶의 가치들을 자연스럽게 익히게 됐고, 이것은 그가 세계적인 부자가 된 이후에도 변하지 않았다.

그는 안전상의 이유로 더이상 운전할 수 없게 되어 최근 폐차한 1993년식 볼보240 승용차를 20년 가까이 스스로 운전했으며, 직접 조립한 이케아 가구가 가득한 집에서 소박하게 살고 있다.

이케아는 영국에서 가장 큰 가구 회사이지만, 그는 런던을 방문하면 택시 대신 주로 튜브(런던의 지하철)나 버스를 타고 이동한다. 유럽의 다른 지역을 방문할 때면 가능한 한 운전해서 가는 것을 선호하지만 어쩔 수 없이 비행기를 타게 되는 경우 반드시 이코노미석만 이용한다.

자수성가한 억만장자의 이런 평범하지 않은 절약 정신은 늘 사람들의 관심거리가 된다. 이 중에는 그가 식당에서 나올 때 소금과 후추를 챙긴다든지, 한 번 쓴 티백을 버리지 않고 나중에 다시 사용한다든지 하는 약간 믿기 어려운 얘기부터 그가 '올해의 경제인상'을 수상하기 위해 파티 장소에 버스를 타고 도착하자 이를 본 경비원이 입구에서 그의 출입을 저지했다는 전설적인 이야기도 포함되어 있다.

최근 그의 고향 마을에 그를 기념하기 위한 동상이 세워졌다. 테이프 커팅 행사에 참석한 그는 테이프를 자르는 대신 조심스럽게 리본을 풀어 시장에게 돌려주며 다음에 다시 사용하라고 했다고 한다.

창업자인 캄프라드가 이렇게 평생을 통해 몸으로 직접 실천한 검소에 대한 고집스러운 노력은 이케아의 조직 문화에도 많은 영향을 끼쳤다.

1984년부터 이케아에서 일하며 1999년부터 2009년까지 이케아의 CEO를 맡았던 앤더스 달빅_{Anders Dahlvig}은 이케아 조직 문화의 특징을 실용성과 원가의식에 있다고 설명한다. 사내 곳곳에 퍼져 있는 이런 근검 문화는 결국 이케아 제품의 생산비용 절감을 통한 가격경쟁력 강화로 나타난다.

잉바르 캄프라드가 많은 사람에게 존경을 받는 훌륭한 기업인인 것은 사실이지만, 그의 인생에 오점이 전혀 없었던 것은 물론 아니다. 그는 1년에 세 번씩 금주를 하며 자신의 건강을 관리하려고 노력하고 있지만 아직 완치되지 않은 알코올의존증 환자이다.

또한 그가 처음 이케아를 시작했던 1943년 부터 '신 스웨덴 운동 New Swedish Movement'의 지지자였다는 것은 잘 알려진 사실이다. 이 운동은 스웨덴 국수주의에 역점을 두고 있었으며 친나치 성향의 단체이기도 하다. 이 사실이 1994년 공개되자 이스라엘 및 몇몇 중동 국가에서 이케아 매장 오픈이 문제가 되었다. 그 후 잉바르 캄프라드는 자신의 젊은 날의 과오를 깊이 반성하고 이케아 유대인 직원들에게 사과 편지를 보냈다.

하지만 잉바르 캄프라드와 이케아에 관한 여러 가지 얘기 중 가장 놀라운 것은 아마도 이케아가 사실상 기부재단이라는 것이다. 이케아 그룹의 소유구조와 기업 지배구조를 보여주는 도표는 웬만한 이케아 가구의 조립 설명서보다 훨씬 복잡하고 이해하기가 어렵다.

잉바르 캄프라드는 한때 개인 자산 24조 원으로 〈포브스〉 선정 전 세계 부자 명단 11위에 이름을 올렸다. 하지만 법적으로 그의 재산의 상당 부분은 1982년 네덜란드에 그가 설립한 스티칭 잉카 재단 Stichting INGKA Foundation에 기부된 상태다.

비영리 재단이면서 이케아그룹의 모회사인 잉카 홀딩스INGKA Holdings의 소유주인 스티칭 잉카 재단은 자산규모 36조 원으로 빌 게이츠가 만든 '빌 앤 멜린다 게이츠 재단'보다 규모가 큰 세계 최대의 자선단체다. 하지만 매년 수조 원씩 빈곤 지역의 기아와 질병 퇴치를 위해 기부하는 게이츠 재단과 비교해보면, 스티칭 잉카 재단은 기부금액도 훨씬 적을 뿐 아니라 재단의 회계 정보 공개에도 소극적이어서 공익의 목적보다는 캄프라드 가족의 세금 회피 및 경영권 유지를 위한 편법적 단체가 아닌가 하는 의심을 갖지 않을 수 없다.

2013년 6월 잉바르 캄프라드의 막내아들인 마티아스 캄프라드가 이케아 그룹의 회장직을 맡으면서 2세 경영권 승계가 마무리됐다. 하지만 2014년 현재 88번째 생일을 맞아 "너무 바빠서 죽을 시간이 없다"고 말하는 잉바르 캄프라드에게 이케아와 그의 삶은 아직도 진행형이다.

이케아의 상징,
전 세계 5000만 개 이상 팔린 책장 '빌리'

한 기업의 상징이 '가구'라고 하면 믿을까. 보통 기업은 그렇지 않다. 하지만 이케아이기 때문에 이해가 된다. 이케아의 대표적 가구 '빌리Billy'가 그 주인공이다. 빌리는 1979년 이케아의 네 번째 직원이었던 길스 런그렌Gills Lundgren이 디자인한 이케아 최고의 베스트셀러 중 하나다.

현재까지 총 5000만 개 이상 판매되었으며 아직도 매년 전 세계에서 300만 개 이상 팔리고 있다고 한다. 만약 지금까지 팔린 빌리를 모두 모아놓으면 지구 둘레의 2배가 넘는다고 하니 빌리가 받은 세계인의 사랑을 가늠해볼 수 있다. 1953년부터 이케아에서 일하며, 빌리 외에도 많은 히트 상품을 디자인한 길스 런그렌은 자신의 디자인 철학을 이렇게 밝히고 있다.

"결국 제 디자인은 여러 사람을 위한 것입니다. 저는 사람들에게 정말 필요한 생활의 해법을 만들고 싶습니다. 제가 디자인한 제품들은 모두 단순하고, 실용적이며, 유행을 타지 않습니다. 사용하는 사람의 나이나 상황과 상관없이 유용한 것입니다."

이케아의 첫 디자인 매니저이기도 했던 길스 런그렌의 이런 생각은 이케아의 디자인 철학에도 많은 영향을 끼쳤다. 단순하면서도 실용적인 디자인 때문에 빌리는 미니멀리즘 가구의 대표작으로 꼽힌다. 빌리에서 특별한 장식이나 화려함은 전혀 찾아볼 수 없다. 하지만 그렇기에 빌리에는 어떤 물건을 놓아도 잘 어울리고, 오히려 그 내용물을 눈에 띄게 해주는 장점이 있다.

처음 길스 런그렌은 빌리를 책장으로 디자인했지만 모든 사람이 책 보관 용도로 빌리를 사용하는 것은 아니다. 빌리의 디자인은 아

주 단순하지만 소비자들은 다양한 색깔(흰색, 검은색, 자작나무색, 어두운 갈색, 밝은 갈색), 크기 그리고 여러 가지 형태의 문, 문고리, 서랍장 등을 자유롭게 조합하여 자신의 용도와 방 분위기에 딱 맞는 자기만의 빌리를 구성할 수 있다.

실제 이케아해커스www.ikeahackers.net라는 웹사이트에 보면 사람들이 빌리를 어떻게 다양한 모습으로 개조해 사용하고 있는지 볼 수 있다. 직접 원하는 색으로 페인트칠을 하는 것은 물론이고 이케아의 다른 가구들과 섞어서 전혀 새로운 형태의 가구로 만들기도 한다.

2011년 9월 10일 영국의 〈이코노미스트〉는 책의 수요 감소로 이케아가 빌리의 디자인을 바꾸기로 결정했다는 내용의 기사를 발표했다. 이 기사는 트위터 등 소셜미디어를 통해 빠르게 확산됐고 다른 언론사들도 '종이책의 종말'이라며 〈이코노미스트〉의 기사를 앞다투어 전했다. 종이책의 운명이 이케아가 빌리의 디자인을 바꾸기로 한 것에 영향을 받았다는 평가인 것이다. 종전에 책장은 깊이가 28cm였지만 이제 사람들이 책 보관보다 다른 장식물의 진열 용도로 많이 사용하기 때문에 큰 물건도 쉽게 올려놓을 수 있도록 깊이를 39cm로 바꾼다는 내용이었다.

마침 같은 해 봄 아마존에서 이북e-Book의 판매량이 종이책을 앞질렀다는 발표가 있었던 뒤라 종이책을 사랑하는 사람들에게 이 소식은 더욱 충격적으로 받아들여졌다. 물론 이케아는 지금도 여전히 28cm와 39cm의 두 가지 모델을 모두 만든다.

가구는 인간의 삶과 매우 밀접한 관계를 맺고 있는 상품이다. 그래서 어쩌면 우리 삶의 양식이 달라짐에 따라 가구의 모습도 함께 진화하는 건 당연할 것이다. 실제로 이케아 디자이너들은 매해 수천 번씩 고객의 가정을 직접 방문해 그들이 디자인한 가구가 어떻게 사용되고 있는지 관찰하고, 사용자의 요구를 제품 개발에 반영한다.

1996년 이케아는 소비자들이 책장에 책과 함께 CD나 DVD 등 다른 미디어들을 보관하는 것을 발견하고, 베노Benno라는 CD 보관용 자매 제품을 출시하여 큰 인기를 얻었다.

이케아에 따르면 아직까지 빌리는 책 보관 용도로 가장 많이 쓰이고 있다고 한다. 하지만 언젠가 정말 세상에 종이'책'이 사라진다면 '책장'도 함께 역사 속으로 사라지고, '장'만 남을 날이 올지도 모르겠다.

북유럽의 민주적 디자인:
이케아의 제품 디자인 철학

일본도를 제작하는 도검 장인들은 1000년 이상 금속공예의 최고 명인으로 존경받아 왔다. 지금도 전통적 방법으로 제작된 사무라이검은 희귀한 예술품으로 취급되어 수집가들 사이에서 천문학적인 금액에 거래된다.

제2차 세계대전 이후 일본은 패전국으로 모든 무장을 해지당하고 한동안 진검의 생산이 금지되기도 했다. 하지만 일본의 도검 장인들은 전통을 지키고 최고의 명검을 재현하기 위해 지금도 평생에 걸친 수련과 연마를 계속한다.

치밀한 조직의 고강도 검은 불에 달궈 가열된 쇠막대를 망치로 두들겨서 불순물이 나오게 하고 그것을 다시 접어 두드리는 일을 수없이 반복하여 만들어진다. 이 과정은 높은 강도의 육체적 노동이 요구되는 것은 물론이고 뜨거운 불과 날카로운 칼을 다루기 때문에 매우 위험한 작업이다. 하지만 이런 과정을 통해 생산된 명검은 굵은 나무통도 단번에 벨 만큼 날카롭고, 가볍지만 튼튼하고 잘 부러지지 않는다.

땀과 혼이 가미된 명검을 만드는 장인이 아니더라도 물건을 만드는 사람이라면 누구나 좋은 제품을 만들고 싶어 한다. 하지만 '좋은'의 기준은 종종 자의적일 뿐 아니라 상충적 가치를 포함하는 경우도 많다. 단단한 칼은 부러지기 쉽다. 단단하면서 가볍고 잘 부러지지 않는 칼은 만들기가 몹시 어렵다.

이렇게 서로 충돌하는 제품의 여러 가지 요소들에 어떤 우선순위를 부여할 것인지 고민하는 것이 디자인 철학의 목적이다. 일반적으로 철학이 우리에게 세상을 바라보는 시각을 제공하고 일관된 행동을 할 수 있도록 도와준다면, 디자인 철학은 만드는 제품의 목적을 명확히 규정하고 우선순위에 따라 집중할 수 있도록 도와준다.

이케아는 자신들의 디자인 철학을 '민주적 디자인'이라고 명시하고 있다. 언제부터인가 기업과 제품 홍보에 자주 쓰이면서 본래의 의미가 많이 퇴색된 '민주'라는 단어와 이케아의 조립가구는 어떤 관계가 있을까?

창업자인 잉바르 캄프라드는 이케아의 디자인에 대해 이렇게 설명한다.

"가구 디자이너에게 100만 원짜리 책상을 만드는 일은 쉬운 일입니다. 하지만 실용적인 좋은 품질의 책상을 5만 원에 만드는 것은 최고의 디자이너만 할 수 있습니다.”

여기서 잉바르는 이케아 디자인이 추구하는 두 가지 중요한 가치를 얘기하고 있는데, 이것은 ‘낮은 가격’과 ‘품질’이다.

그중에서도 이케아 가구의 정체성을 가장 잘 규정하는 것은 ‘낮은 가격’이다. 처음 이케아가 시작되었던 스웨덴 알름훌트에 위치한 본사IKEA of Sweden AB에서는 지금도 전 세계에 판매되는 9500여 가지의 이케아 제품들의 디자인, 개발 및 테스트가 이뤄진다. 이곳의 이케아 디자이너들은 본격적인 디자인에 들어가기에 앞서 제품의 목표 가격을 부여받는다. 그리고 이미 정해진 가격에 맞춰 재료를 선정하고 디자인을 완성한다.

이런 가격의 철저한 통제를 받는 상태에서 과연 좋은 디자인이 나올 수 있을까 싶지만, 사실은 오히려 이렇게 환경의 제약을 받을 때 창의적인 디자인이 나올 확률이 높다. 제약은 디자이너가 해결해야 할 문제를 구체화하고 극복해야 할 과제를 선명하게 보여준다. 140자의 제약을 가지고 있는 트위터에서 수많은 촌철살인의 아포리즘들이 쏟아져 나오는 것도 이 때문이다.

역시 알름훌트에 위치한 이케아 테스트 연구소IkeaTest Lab에서는 매일 이케아의 가구와 섬유의 다양한 시험이 수행된다. 이곳에서 섬유는 기계세탁, 햇빛 노출, 화재에 얼마나 잘 버틸 수 있는지, 그리고 가구는 오랜 사용에 얼마나 잘 견딜 수 있는지 피로 및 내구 시험Fatigue and Durability Test을 받게 된다. 27명의 연구원이 교대로 연중무휴로 일하고 있는 이곳 연구소에서 케비닛의 문은 수천 번의 여닫이 테스트를, 침대 매트리스는 3만 번의 충격 테스트를 받는다.

3500㎡에 이르는 이케아 테스트 연구소에서 시행되는 시험에는 개발 단계의 제품뿐 아니라 매장에서 판매되고 있는 제품들에 대한 시험도 포함한다. 매장에서 무작위로 추출한 제품들의 테스트를 통해 실제로 소비자가 사 가는 물건들이 이케아의 품질 기준에 부합하는지 확인한다.

이케아 디자이너들은 매년 수많은 시제품을 개발하지만, 그중에서 테스트 랩의 엄격한 품질 및 안전도 테스트를 통과한 제품만이 대량생산에 들어갈 수 있다.

'민주적 디자인'은 이케아가 처음 사용한 말은 아니다. 스칸디나비아의 덴마크, 노르웨이, 스웨덴 그리고 핀란드를 포함하는 북유럽 국가들은 1950년대부터 단순함과 기능성을 강조한 독특한 디자인 스타일을 만들어왔다. 독일 바우하우스의 모더니즘과 기능주의 그리고 북유럽 사회민주주의 전통에 영향을 받은 스칸디나비아 디자인은 단순하고 실용적인 것이 특징이지만 무엇보다 필요한 사람은 누구나 쓸 수 있어야 한다는 평등의 정신이 강하게 반영되어 있다.

하지만 대표적인 스칸디나비아 디자이너인 버너 팬톤Verner Panton의 의자나 폴 헤닝센Paul Hennigsen의 조명은 수백만 원을 호가하기도 한다. 누구나 살 수 있는 아름답고 실용적인 가구를 만들려는 북유럽 가구 장인들의 고민과 노력을 현대에 가장 잘 실천하고 있는 것은 오히려 이케아로 보인다.

원시시대 우리 조상이 동굴에 벽화를 그리기 시작한 이래로 내가 살고 있는 공간을 아름답게 꾸미려는 노력은 시대를 초월한 인류 보편적 욕구 중 하나였다. 하지만 오랫동안 좋은 가구는 일부 부자들만 향유할 수 있는 사치품 목록에 포함되어 있었고, 저가의 가구는 품질이나 미적 아름다움에는 거의 신경을 쓰지 않은 조악한 '싸구려' 가구가 대부분이었다.

하지만 이케아는 디자인부터 판매까지 끊임없는 혁신의 노력을 통해 훌륭한 디자인의 품질 좋은 가구를 많은 사람이 살 수 있는 가격에 공급하고 있다.

미국의 팝아티스트 엔디 워홀은 미국은 대통령이나 리즈 테일러나 길거리의 노숙자나 다 같은 코카콜라를 마시기 때문에 위대하다고 말했다. 어쩌면 우리는 이케아 덕분에 누구나 단순하고 실용적인 매력의 스칸디나비아 디자인 가구로 집을 꾸밀 수 있는 소비의 평등을 누리고 있는지도 모른다.

이케아 효과:
왜 사람들은 조립의 불편함을 감수하는가?

1999년에 창업한 자포스Zappos는 신발과 의류 등을 판매하는 온라인 쇼핑몰 회사다. '어쩌다 보니 신발을 팔고 있는 서비스 회사'라고 스스로를 말하는 이 회사는 창업 10년 만인 2009년 아마존에 12억 달러에 매각됐다. 아마존이 자포스를 이렇게 고가에 인수한 것은 자포스가 보여준 초고속 성장과 높은 고객 충성도가 아마존에 잠재적 위협이 될 수 있다는 판단도 있었지만, 자포스가 아마존이 갖고 있지 않은 중요한 것을 가지고 있었기 때문이기도 하다.

그것은 직원과 고객의 행복을 최우선으로 하는 자율적 기업 문화다. 자포스 고객 서비스 직원들은 평균 한 달에 5000건 이상의 전화 상담을 하게 되는데, 이들 내용은 보통 배송이 늦는다거나 주문한 물건이 마음에 들지 않는다는 등의 불평이 대부분이다. 장시간 짜증 난 고객들을 응대해야 하는 직업의 특성상 직원들은 많은 스트레스를 받을 수밖에 없기 때문에 자포스는 이들이 즐거운 마음으로 일할 수 있도록 여러 가지 독특한 시스템을 고안해냈다.

그중 하나가 직업훈련을 마친 신입사원들이 받게 되는 '제안Offer'이다. 회사의 기업 문화와 업무 방법 등을 4주간 교육받은 신입사원들은 정식 업무를 시작하기에 앞서 자포스의 업무가 자신의 적성과 맞지 않는다고 생각하면 그만둘 수 있는 기회를 제안받는다. 이때 그만둔 신입사원은 교육기간 동안의 임금은 물론 200만 원가량의 보너스를 추가로 받는다.

많은 사람의 고개를 갸웃하게 하는 이 '제안'은 이후 자포스의 사내 문화에 잘 적응하고 장기근속할 수 있는 직원을 추려내는 역할을 한다. 하지만 여기에는 자포스의 숨겨진 비밀이 한 가지 더 있다. 이 200만 원의 제안을 거절하고 자포스에서 계속 일하기로 결심한 대부분의 직원(약 97%)은 스스로 '이런 좋은 제안을 거절하다니 나는 이 일을 정말 좋아하는구나'라고 생각하게 된다.

이케아 가구의 가격이 다른 가구점에 비해 훨씬 저렴한 데는 여러 가지 이유가 있지만, 조립과 배송이 포함되지 않은 DIY 제품이라는 점이 큰 역할을 한다.

이케아도 배송 및 조립 서비스를 별도로 판매한다. 대략 10만 원 정도의 돈을 추가로 지불하면 구입한 물건들을 이케아 직원들이 직접 집으로 배달해주고, 10만 원 정도를 더 내면 조립까지 완성해준

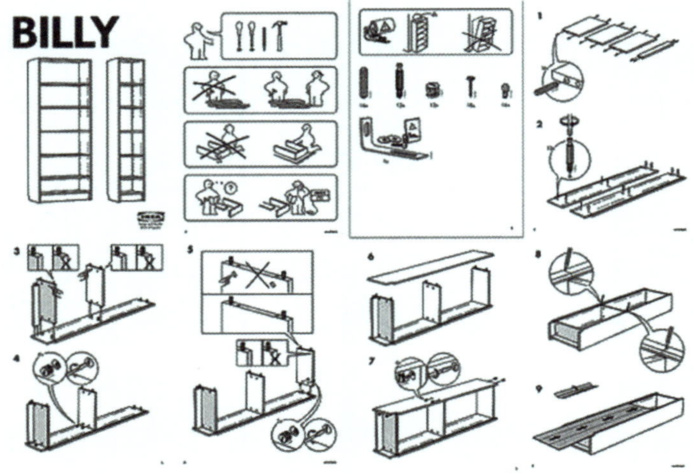

이케아 빌리 조립 설명서

다. 이케아 가구의 가격을 생각해봤을 때 배보다 배꼽이 더 커질 가능성이 많지만, 도무지 직접 짜 맞출 자신이 없다면 이 조립 서비스를 하는 것도 고려해볼 만하다.

하지만 이케아를 직접 조립하는 것이 아니라 웃돈을 주고 서비스를 사용해 완성한 가구는 땀 흘려 조립한 가구에 비해 애착도가 떨어질 가능성이 높다.

이처럼 직접 시간과 정성을 들여 만든 물건에 대해 그 물건이 실제 가지고 있는 객관적 가치보다 더 높은 가치를 부여하는 경향이 있는데 이것도 '이케아 효과'라고 부른다. 여기서 말하는 '이케아 효과'는 심리학적 용어다. 스스로 물건을 만들었으니 완제품과 비교해도 손색이 없고 오히려 그 이상의 가치를 가진다는 생각(인지 부조화)이다.

행동경제학의 대가 미 듀크대학의 댄 애리얼리_{Dan Ariely} 교수가 주장한 '이케아 효과'는 사람들이 스스로 무언가 만드는 일이 자신감을 갖게 하고 다른 사람들에게 자신의 능력을 보여줄 수 있다고 느끼기 때문에 생기는 현상이라고 말한다.

초보자가 이케아 가구를 조립하는 데는 시간이 오래 걸리고 불편하다. 조립이 용이하도록 복잡한 글 대신 그림으로 된 매뉴얼이 있지만 쉽지 않다. 그래서 유튜브에 가면 별도로 이케아 가구를 조립하는 과정을 소개한 동영상이 많다. 사람에 따라 조립하는 데 며칠이 걸리기도 한다. 하지만 이런 과정에서 자신의 노동력이 투입되어 무언가를 생산하게 되면 자긍심과 역량이 커졌다는 느낌을 받는다.

불편함을 주는 것이 마케팅의 방법이 될 수 있다. 즉 '불편함을 판다'는 말이다.

베티 크로커_{Betty Crocker}는 1940년대 말 처음 케이크 믹스 가루를 시장에 선보였다. 조리 설명서에 명시된 지정 양의 물을 믹스 가루에 섞고 오븐에 넣기만 하면 그럴듯한 케이크가 완성되는, 당시로는 정말 획기적 발명품이었다.

하지만 이 제품은 생각만큼 인기를 얻지 못했는데 사람들과 인터뷰해본 결과 요리 과정이 너무 간단해서 자신이 요리했다는 느낌을 갖지 못하는 것이 문제였다. 그래서 베티 크로커는 케이크 믹스의 요리 과정을 약간 복잡하게 바꾸었다. 소비자가 물뿐 아니라 계란도 풀어서 넣게 한 것이다. 작은 차이였지만 사람들은 가족을 위해 케이크를 직접 준비했다고 느꼈고, 맛도 훨씬 좋다고 느꼈다.

　끊임없이 창작품을 만들어내야 하는 예술가가 아니라면 현대인들에게 뭔가 손으로 직접 만들 수 있는 기회는 많지 않다. 이케아는 이런 우리에게 단순히 조립가구를 판매하는 것이 아니라 우리가 생산적이고 창의적이라는 느낌을 가질 수 있는 창작의 재료를 제공하는 것이다. 이케아 가구를 어른들의 레고LEGO라고 부르는 이유도 여기에 있다.

　포기하지 않고 조립 설명서의 대머리 캐릭터의 설명을 하나씩 따라가다 보면 어느새 완성된 식탁과 함께 숙련된 장인만이 느낄 수 있는 창작의 희열도 느낄 수 있다.

가구의 역사를 바꾼 우연한 발견:
플랫 팩

이케아의 미션은 '많은 사람을 위한 더 나은 일상의 창조_{Create a better everyday life for the many people}'다.

그런데 여기서 말하는 '많은 사람'은 주말에 이케아 매장을 찾아 가구와 주방용품을 차에 가득 싣고 돌아가는 6억 9000만 명(2013년 한 해 이케아 방문자 수)만을 포함하는 건 아닌 것 같다.

지금도 세계 곳곳에는 자연재해, 전쟁, 극도의 빈곤 등으로 수백만 명의 이재민과 난민들이 매우 열악한 주거환경에서 생활하고 있다. 이들 중 많은 수는 헝겊 텐트에서 길게는 10년 이상 생활하기도 한다.

2013년 6월 20일 세계 난민의 날, 이케아재단은 조립식 난민 주거 주택을 선보였다. 스웨덴 난민주거청_{RHU}과 국제연합난민고등판무

관사무소_{UNHCR}가 함께 2년에 걸쳐 개발한 이 임시주택은 플랫 팩_{flat pack}(판판한 형태의 포장)으로 되어 있어 운송이 매우 쉽기 때문에 필요한 지역에 빠르고 쉽게 공급될 것으로 보인다. 철제 프레임과 파이프, 경량 플라스틱으로 만들어진 지붕과 벽으로 구성된 이 집은 성인이 4시간이면 조립할 수 있고, 완성된 집은 3년 이상 사용할 수 있다.

이케아의 조립식 주택은 알루미늄 천막이 덮여 있어 낮에는 시원하고 밤에는 따듯한 실내 온도를 유지할 수 있다. 실내에는 조명과 USB 포트를 태양열 배터리에 연결할 수 있게 되어 있으며, 기존의 천막보다 훨씬 안전하고 어느 정도의 사생활도 보장된다.

조립이 완성된 집은 크기가 총 17.5㎡로 최대 5명이 거주할 수 있다. 이 임시주택의 무게는 100kg이고 앞으로 대량생산이 이루어지면 한 채당 100만 원 미만의 가격에 판매할 수 있을 것으로 보인다. 시제품 단계이기는 하지만, 앞으로 난민들의 주거환경을 크게 개선할 것으로 보이는 이 조립식 주택에는 이케아가 지난 반세기 이상 쌓아온 조립가구 생산의 노하우가 집약됐다.

이케아가 처음 플랫 팩 가구를 만들게 된 것은 우연에 가깝다. 이케아의 초기 멤버 중 한 명으로 도안 제도를 맡고 있던 길스 런그렌이 어느 날 카탈로그에 실을 사진을 찍기 위해 탁자를 차에 싣던 중 다리 부분이 걸려 트렁크가 닫히지 않자, 이를 잘라내 운반한 것부터 착안했다고 한다. 콜럼버스의 달걀과도 같은 이 작은 발상의 전환은 결국 이케아 가구의 생산 및 판매 방식을 완전히 바꾸고, 본격적인 DIY 가구의 시대를 열었다.

주변 경쟁 회사들 때문에 심한 경영 압박을 받고 있던 이케아는 1956년부터 본격적으로 플랫 팩 형태의 가구를 생산하기 시작했다.

플랫 팩은 여러 가지 면에서 생산가격 절감 효과가 있는데, 우선 공장에서 직접 조립을 하지 않기 때문에 공정이 훨씬 간단해진다. 그리고 생산된 가구를 이케아 매장으로 옮기는 과정에서도 완제품을 배달하는 것에 비해 운송비용도 적게 들고, 운송 과정에서 생길 수 있는 가구의 손상도 최소화할 수 있다.

뿐만 아니라 판매되는 매장에서도 상대적으로 작은 창고 공간에 많은 가구를 쌓아둘 수 있기 때문에 보관비용의 절감 효과가 있다. 이케아 매장에는 대략 총 9500여 가지의 품목들이 판매되고 있는데, 이것은 매장 공간의 효율적 사용 때문에 가능한 것이다.

이러한 운영비용 절감은 고객들이 이케아 가구를 싼값에 구입할 수 있는 이유이기도 하다. 더욱이 구입한 가구의 배송을 기다릴 필요 없이 바로 집으로 가져갈 수 있다는 장점도 있다. 또 구매한 가구를 집에 가져왔을 때 좁은 복도나 방문도 쉽게 통과할 수 있고, 나중에 이사하거나 가구를 옮겨야 할 경우가 생겨도 다시 분해해서 쉽게 운반할 수 있다는 장점도 있다.

60년 전 길스 런그렌이 자신의 차 트렁크에 넣으려고 고심 끝에 다리를 잘라냈던 가구의 이름은 '로벳Lovet'이었다. 낙엽 모양의 상판에 3개의 다리가 달린 이 사이드 테이블은 지금 봐도 현대적 디자인이 매우 돋보인다. 이케아는 2013년 '로베켄Lovbacken'이라는 새로운 이름으로 이 조립가구의 효시인 로벳을 다시 판매하기 시작했다. 플랫 팩에 담긴 로베켄을 구입하는 우리는 단순히 값싼 조립식 테이블을 사는 것이 아니라 유서 깊은 스웨덴 가구 회사의 역사가 담긴 스토리를 구매하는 것이다.

미트볼과 링곤베리 소스:
이케아 레스토랑

현대인에게 음식을 먹는다는 것은 단순히 몸에 부족한 영양소를 채우는 생물학적 욕구의 충족을 넘어 새롭고 다양한 문화 체험의 기회다. 음식의 재료나 조리법은 국가와 지역, 심지어 이웃집 사이에도 큰 차이가 있지만 음식을 먹지 않고 살 수 있는 사람은 세상에 단 한 명도 없다.

음식은 다른 문화와 마찬가지로 전쟁이나 무역 등 인구의 이동을 통해 인접 지역으로 전파되고, 그 지역이 본래 가지고 있던 전통 음식 문화와 결합하여 새로운 형태의 음식으로 진화한다. 그래서 음식을 먹는다는 것은 우리 인류 문화의 보편성을 확인하는 동시에 서로가 갖고 있는 차이를 이해해가는 화합의 과정이라고 볼 수 있다. 음식은 지역의 역사와 지리적 특성 그리고 사람들의 생활 모습까지 폭

넓게 보여주는 그야말로 문화의 총체라 할 수 있다.

스웨덴은 북유럽 스칸디나비아 반도의 동반부 노르웨이와 핀란드 사이에 있다. 국토의 지형이 세로로 길게 펼쳐져 있기 때문에 북부와 남부 지역의 음식 문화에는 많은 차이가 있다. 북극 기후의 영향으로 춥고 긴 겨울이 1년의 절반 가까이 계속되는 북부 지역의 사람들은 척박한 기후로 신선한 식재료의 사용이 어려웠다. 따라서 수렵한 순록과 사슴 등을 사용한 고기 음식과 저장이 용이한 절임 음식이 발달했다. 반면 비교적 온화한 기후의 남부 지역에는 채소를 이용한 채식 요리가 발달하게 되었다.

18세기 처음 소개된 감자는 스웨덴의 모든 요리에 주재료 혹은 부재료로 널리 사용되고 있다. 하지만 향신료가 다양하지 않기 때문에 전통 음식의 간은 대부분 약한 편이다.

이런 다소 밋밋한 스웨덴 요리에 함께 자주 등장하는 것이 링곤베리lingonberry 소스다. 링곤베리는 스칸디나비아 반도 어디서나 흔히 볼 수 있으며, 모든 야생 베리 중에서 가장 많이 수확되는 과일이다.

스웨덴과 북유럽 국가들은 모든 공공지와 일반 사유지를 훼손하거나 피해를 주지 않는 한도에서 누구나 마음껏 사용할 수 있는 자유Right of Public Access를 갖고 있다. 스웨덴어로 'allemansratten'라고 불리는 이 헌법상 보장된 권리에 의해 스웨덴 사람들은 타인의 개인 정원을 제외한 거의 모든 지역에서 자유롭게 신선한 링곤베리를 마음껏 따 먹을 수 있다.

콜레스테롤을 줄여주고 다이어트에도 효과가 있다고 알려진 링곤

 파괴자들 ANTI의 역습

이케아 푸드의 대표 음식. 미트볼과 링곤베리 소스

베리는 보통 설탕과 함께 끓여서 잼의 형태로 만들어 먹는다. 맛도 좋고 건강에도 좋은 링곤베리 잼은 밋밋한 스웨덴 요리에 풍미를 더해준다.

링곤베리 소스와 훌륭한 궁합을 자랑하는 또 하나의 스웨덴 대표적인 요리 중 하나는 바로 미트볼이다. 보통 간 소고기와 돼지고기를 섞어서 불린 빵가루, 다진 양파, 소금, 후추를 섞어 작은 공 모양으로 빚은 스웨덴 미트볼은 그레이비나 링곤베리 소스와 함께 곁들여 먹는다.

이케아가 매장에서 본격적으로 미트볼과 다른 음식들을 팔기 시작한 것은 30년 전의 일이다. 허기진 고객들이 수만 ㎡의 규모를 자랑하는 이케아 매장을 마음껏 돌아보기 어려울 것으로 판단한 창업자 잉바르 캄프라드는 당시 스토어 매니저이던 소렌 훌버그_{Soren Hullberg}

에게 식품부의 확장을 기획해보라고 지시했다. 그의 주문은 두 가지였는데 한 가지는 이케아 식당이 스웨덴의 문화적 특징을 잘 드러내야 한다는 것이었고, 다른 하나는 이케아의 다른 제품들과 마찬가지로 음식값이 아주 저렴해야 한다는 것이었다.

소렌 홀버그는 우선 식당의 메뉴를 단순화시키는 방법을 선택했다. 손님이 많이 찾는 토요일 오전에는 동시에 수천 명의 사람들이 매장을 찾기 때문에 다양하고 복잡한 메뉴를 준비하는 것이 어렵기도 했지만, 단순한 메뉴의 구성은 음식 조리 시간을 줄여주고 식재료 관리도 편하게 해주는 장점이 있었다. 이렇게 몇 가지 주력 음식에 최적화된 주방 운영은 음식의 맛과 품질을 최고로 유지하는 비결이기도 하다. 우리나라에서 맛집으로 알려진 식당들이 대부분 냉면이나 해장국 등 한 가지 주력 메뉴만 집중해서 만드는 것도 같은 이유다.

많은 사람이 싼값에 즐길 수 있는 스웨덴 요리를 찾던 소렌 홀버그와 팀원들이 고른 메뉴는 미트볼이었다. 이케아 미트볼은 빌리 책장과 랙 테이블과 함께 인기 대박 상품이 됐고, 현재 전 세계 355개 이케아 매장에서 매일 15만 그릇, 한 해에 1억 5000만 개 이상 팔리고 있다.

이케아의 식품부는 미트볼이나 생선튀김 등 식사 메뉴를 판매하는 이케아 레스토랑, 핫도그나 아이스크림 등 간단한 스넥류를 판매하는 이케아 비스트로 그리고 초콜릿이나 통조림, 냉동 포장식품 등을 판매하는 스웨덴 푸드마켓으로 이루어져 있다.

이케아는 음식 판매에서도 가구와 마찬가지로 고객들이 비싸지 않은 가격에 상품을 이용할 수 있도록 하는 것을 목표로 했다. 예를 들어 뉴욕 브루클린에 있는 이케아 매장에서 15개 미트볼을 5달러에 먹을 수 있고, 어린이용 메뉴는 2.99달러에서 시작하며 아침 메뉴는 99센트에서 시작한다. 말고기 미트볼 파동도 있었지만 이케아의 음식 사업은 크게 타격을 받지 않았다. 처음 이케아가 미트볼을 선보였을 당시엔 그렇게 반응이 좋지는 않았다. 하지만 오늘날 미트볼을 먹는 것은 이케아를 방문하는 많은 사람이 거쳐 가는 관례가 됐다.

이케아 레스토랑, 비스트로, 푸드마켓에서 나오는 매출은 이케아 총매출의 5%를 차지한다고 한다. 이케아는 전 세계 44개국에서 조립가구를 판매하는 가구 판매점이기도 하지만, 이들 매장에서 7억

이케아 레스토랑에서 식사하는 소비자들. 이케아에 먹기 위해 온다는 소비자들도 있다.

명 이상의 사람들에게 스웨덴 요리를 판매하고 있는 거대 식당 체인
이기도 하다.

이케아 매장 사용 설명서:
이케아 매장의 구조와 숨겨진 소비자 심리학

슈퍼마켓은 보통 고객이 가장 많이 찾는 인기 상품을 매장의 맨 끝에 놓아둔다. 이것은 사람들이 꼭 필요한 물건을 장바구니에 넣기 위해 어쩔 수 없이 매장의 다른 부분을 지나 가는 동안 원래는 필요치 않았던 물건을 충동구매할 확률이 높아지기 때문이다.

같은 상품이라도 고객의 눈높이에 맞추어 진열하면 구매가 훨씬 늘어난다. 그래서 어른들의 눈높이에는 마진이 가장 높은 제품을, 아이들의 눈높이에는 아이들을 유혹하는 과자나 사탕 등을 진열한다.

18세기 애덤 스미스 이래 고전파 경제학자들은 인간을 합리적 결정을 하는 이성적 존재로 전제해왔다. 각각의 경제주체들은 언제나 자신의 이익을 극대화하는 의사결정을 한다는 가정이다. 하지만 현대 인지과학자들과 행동경제학자들은 다양한 실험을 통해 우리가 그토록 신뢰해왔던 인간의 이성은 불완전하며, 환경의 통제를 통해 우리의 행동에 변화를 줄 수 있다는 사실을 밝혀냈다. 이러한 발견은 우리 자신을 바라보는 자아상에도 영향을 끼쳤지만, 무엇보다 기업의 상품 판매 방식에 큰 변화를 가져왔다.

카지노 안에 창문과 시계가 없다는 것은 잘 알려진 사실이다. 덕분에 사람들은 글자 그대로 '시간 가는 줄 모르고' 도박에 몰두하게 된다. 게임기에서 끊임없이 나오는 요란한 소리와 불빛은 마치 게임을 시작하면 나도 곧 큰돈을 딸 것 같은 착각을 하게 만든다. 식당은 카지노 한가운데 있어서 밥을 먹기 위해서는 반드시 수많은 슬롯머신과 게임 테이블의 유혹을 넘어야 한다. 또한 카지노의 조명과 인테리어는 사람들이 들뜬 상태를 계속 유지하도록 대부분 빨간색을 사용한다. 이렇게 카지노는 사람들이 가능한 한 많은 시간을 카지노 안에 머물며 위험도가 높은 도박에 더 많은 돈을 베팅하도록 정교하게 설계됐다.

이케아 매장 입구에 들어서면 제일 먼저 할인 추천 상품의 전시 코너가 있다. 원래도 싼 가격이 장점인 이케아 가구에 할인이 더해진 저렴한 가격을 보고 놀란 우리는 교통체증에 먼 거리를 운전해 온 짜증을 잊고 들뜬 마음으로 본격적인 쇼핑을 준비하게 된다.

추천 제품 전시장 바로 옆에는 '스몰랜드'라는 무료 탁아센터가 있다. 스웨덴어로 '작은 마을'을 뜻하는 스몰랜드는 이케아의 창업자인

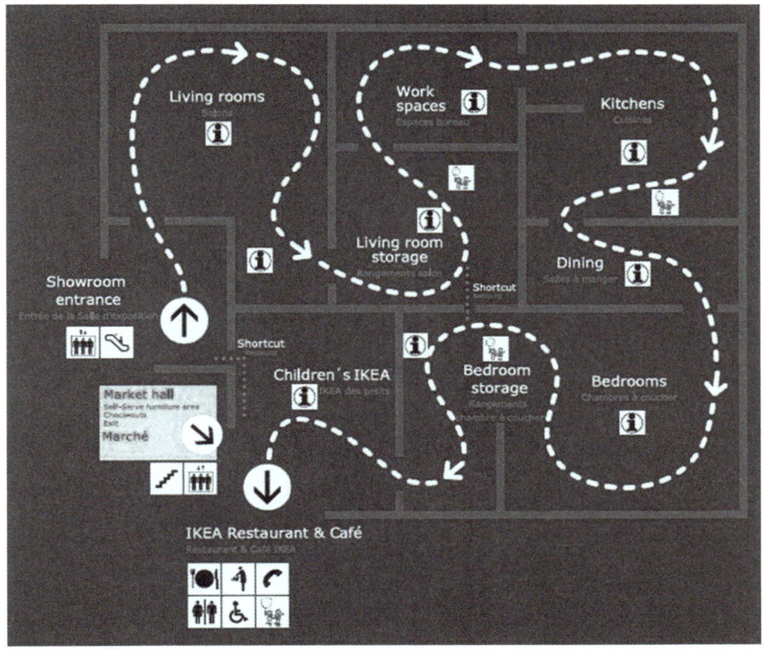

잉바르 캄프라드가 태어난 스웨덴 남부 지역 이름이기도 하다.

직접 앉아보고 여기저기 둘러보아야 하는 가구 가게에서 어린아이와 함께 쇼핑하기란 여간 번거로운 일이 아니다. 게다가 미로같이 복잡하게 설계된 이케아 쇼룸에서 부모를 찾지 못해 울고 있는 아이의 모습을 상상해보라. 스몰랜드는 이런 불미스러운 사건을 미연에 방지하고, 부모들이 아무 걱정 없이 쇼핑에만 집중할 수 있도록 60분간(무료 회원은 90분)의 자유를 선물한다. 이케아 매장은 보통 출구와 입구가 같이 붙어 있기 때문에 부모들은 쇼핑을 마치면 바로 아이를 찾아갈 수 있다.

이제 아이들은 놀이기구와 장난감이 가득한 스몰랜드로, 부모들은 값싼 스웨덴 가구로 꽉 찬 이케아 쇼룸으로 여행을 출발한다.

이케아 매장은 크게 조립이 완성된 가구를 전시해놓은 쇼룸과 조립이 필요 없는 인테리어 소품과 생활용품 등을 판매하는 마켓 플레이스 그리고 실제 원하는 가구를 찾아 카트에 담게 되는 웨어하우스로 구성되어 있다.

이케아에 처음 온 사람이라면 먼저 우아한 스칸디나비아 디자인 가구의 저렴한 가격에 놀라겠지만, 곧 미로처럼 복잡하게 얽혀 있는 쇼룸의 구조에 당황하게 될 것이다. 출구는 찾기 어렵고, 소방 규정상 만들어져 있는 지름길도 눈에 잘 띄지 않는 곳에 숨겨져 있기 십상이다.

영국의 공공 연구기관인 UCL_{University College London}의 앨런 팬_{Allen Penn} 교수는 이케아의 이런 지그재그 형태의 복잡한 매장 구조는 고객들을 상점 안에 가능한 한 오래 머물게 하기 위한 전략이라고 말한다. 게다가 한 번 지나치고 나면 다시 찾기 어렵다는 불안감을 주기 때문에 사람들이 꼭 필요하지 않은 물건도 '혹시 모르니까' 일단 장바구니에 담게 하는 효과도 있다고 한다.

이런 앨런의 연구 발표에 대해 이케아 측은 소비자를 혼란시키기 위해 의도적으로 매장 구조를 복잡하게 디자인한 것은 아니라고 밝혔다.

하지만 미국의 유명 주간지 〈더 뉴요커〉의 로렌 콜린스_{Lauren Collins} 기자와의 인터뷰에서 이케아 매장은 소비자들이 계속 흥미를 잃지 않고 쇼핑을 계속할 수 있도록 15m에 한 번씩 꺾이게 디자인되어 있으며, 이보다 긴 통로는 길고 지루한 잘못된 디자인이란 의미로 '아우토반'이라고 부른다고 얘기했다.

실제로 이케아에서 '원포인트 쇼핑'을 하기란 어렵다. 필요한 물건만 사기 위해 빠르게 매장 내를 이동하기 어렵다는 말이다. 워낙 찾기 어려워서 한 번 들어가면 웬만한 물건은 다 보고 와야 한다.

이케아가 고객들이 매장에서 길을 잃고 헤매기를 바라고 매장을 설계한 것은 아니겠으나, 자신들이 디자인한 쇼핑 경로를 따라 걸으며 쇼룸에 전시된 모든 가구와 생활용품을 하나도 빠짐없이 보고 지나가도록 디자인한 건 확실한 것 같다.

이케아 마켓 플레이스에는 주방용품, 조명기기, 액자, 침구 등 다양한 물건들이 판매되는데 중간중간 눈에 띄게 싼 가격의 물건들이 놓여 있다. 이케아는 이런 상품을 BTI_{Breathtaking Item}(숨 막히는 상품)라고 부르는데, 주로 5000원 미만의 주방용품 등으로 이것은 일종의 유인상품의 역할을 한다. BTI는 상품의 판매 마진 자체는 크지 않거나 거의 없지만, 이케아의 다른 상품들의 가격을 더욱 싸게 보이게 한다. 뿐만 아니라 BTI를 사기 위해 이케아를 찾은 고객들이 다른 물건들을 함께 구매하여 전체적으로 매출을 올려주는 기능을 한다.

웨어하우스는 이전의 쇼룸과는 달리 미관에 전혀 신경을 쓰지 않은 창고형 공간으로 만들어져 있다. 하버드비즈니스스쿨의 마이클 노튼_{Michale Norton} 교수에 따르면 상점이 매장의 외관을 꾸미기 위해 돈을 적게 쓴 것 같은 느낌을 주면 줄수록 가격에 민감한 소비자들은 제품의 가격이 저렴할 것으로 느껴 상품을 구매할 확률이 더 높아진 다고 한다.

이케아는 현재 전 세계 355개의 매장을 운영하고 있다. 이들은 각각 매장의 위치나 지역적 특징, 법 규정에 따라 생기는 약간의 차이를 제외하면 대부분 비슷한 외장과 내부 구조를 갖고 있다.

이케아는 오랜 소매 경험을 통해 얻은 자신들의 판매 노하우와 현대 과학의 발견을 접목해서 입구부터 출구까지 소비자들이 가능한 한 오래 매장 안에 머물며 원하는 물건뿐만 아니라 원래는 살 계획이 없었으나 갑자기 꼭 필요해진 제품까지 장바구니에 가득 담을 수 있도록 정교하게 설계되어 있다.

이케아 생일 케이크:
전통과 상식을 뒤집는 게릴라 마케팅

우리가 거의 눈치채지 못하는 은근한 광고까지 포함하면 현대인들은 하루에 1600개에서 3000개의 다양한 광고에 노출된다고 한다. 매일 사용하는 검색 사이트의 스폰서 링크부터 TV 드라마 PPL 간접광고까지 이제 광고는 때로는 정보의 가면을 쓰고, 때로는 오락의 형태로 우리의 삶에 깊이 침투해 있다.

하지만 광고에 더 많이 노출되면 될수록 우리는 광고가 전달하고자 하는 메시지에 무감해지고, 쉽게 잊어버리게 된다. 기업들은 이런 광고의 홍수 속에서 경쟁 회사들을 제치고 소비자들의 관심을 끌어 구매 결정에 긍정적 영향을 끼치는 효과적 광고를 하기 위해 늘 골머리를 앓고 있다.

뉴욕에서는 매해 메모리 챔피언십 대회가 열린다. 참가자들은 카드의 순서를 외우거나 무작위로 선정된 단어를 기억하는 등의 테스트를 받아 주어진 시간 동안 가장 많은 정보를 정확히 기억하는 사람을 선발하게 된다.

이 대회를 취재하던 저널리스트 조슈아 포어는 초인적 기억력을 가진 참가자들의 특이한 기억력 훈련법에 흥미를 갖게 된다. 그는 취재 도중 배운 기억술을 스스로 1년간 훈련한 뒤 2006년 전미 메모리 챔피언십 대회에 참가해 우승을 차지한다. 스스로 자신은 평범한 기억력을 가지고 있다고 밝힌 그는 몇 가지 간단한 기억술만 익히면 누구나 기억력 천재가 될 수 있다고 말한다.

그가 추천하는 기억술 중 하나는 기억하고자 하는 대상을 감각적 이미지로 전환하여 기억하는 방법이다. 이때 그 이미지가 마이클 잭슨 복장을 하고 있는 아인슈타인이나 해변에서 일광욕하는 소시지 같이 우리의 뇌에 강한 인상을 남길 수 있는 새롭고 특이한 것이면 그 기억은 더 오래 남는다고 한다.

기존의 통념과 금기를 깨고 관객들에게 예전에 한 번도 경험해본 적이 없는 전혀 새로운 것을 느끼게 해주는 것은 예술의 중요한 역할 중 하나다. 특히 현대 미술의 발전은 우리가 전통 회화에서 당연하다고 여겨왔던 법칙들을 하나씩 파괴해나가는 과정이었다. 이 과정에서 우리는 평범하고 친숙한 대상을 낯설게 느끼는 경험을 하게 되는데 이런 예술적 충격은 오랫동안 우리의 기억에 남게 된다.

스위스의 대표적인 초현실주의 화가인 메레 오펜하임이 파리의 카페에서 사람들과 얘기를 나누고 있었다. 그녀와 함께 차를 마시던 파블로 피카소는 오펜하임이 손에 차고 있는 털 팔찌를 보고 "털로는 못 만드는 것이 없군"이라고 말했다. 다음 작품을 구상 중이

메레 오펜하임의 〈모피로 된 아침식사〉

던 오펜하임은 피카소의 말에 착안하여 백화점에서 구입한 찻잔과 받침에 털을 뒤집어 쒸운 작품을 만들었다. 이 괴상한 느낌의 찻잔은 오늘날 가장 유명한 초현실주의 오브제 중 하나가 되었다. 오펜하임의 〈모피로 된 아침식사〉로 알려진 이 작품은 우리가 일상에서 늘 사용하는 평범한 물건도 그 재질이 익숙하지 않은 것으로 바뀌면 전혀 다른 느낌과 함축된 의미를 표현할 수 있다는 것을 잘 보여준다.

이케아는 '작은 천조각이 만드는 큰 변화'라는 슬로건으로 게릴라 마케팅을 펼쳤다. 스웨덴 광고 회사 포스만앤보덴포스Forsman & Bodenfors 와 함께 기획한 이번 마케팅 캠페인에서 이케아는 우체통, 공원 벤치, 자전거 안장 등 길거리에 널린 평범한 물건들을 여러 가지 화려한 색의 헝겊으로 감싸놓았다. 꽃무늬 자전거 안장과 무지개색 벤치는 작은 디자인 차이가 우리의 지루한 일상에 가져다줄 수 있는 신선한 변화를 맛보게 해주었다.

1995년 6월 24일 독일의 제국

이케아 벤치

크리스토와 잔 클로드의 독일 제국회의

의회 건물 앞에 아침부터 수만 명의 사람들이 몰려들기 시작했다. 베를린 중앙에 있는 이 건물은 1894년에 세워져 나치 독일과 패전 후 분단 베를린까지 독일 역사의 중심에 서 있었다. 사람들은 높이 47m에 거대한 석조건물이 10만 ㎡의 은색 천으로 덮인 놀라운 장경을 보고 탄성을 지르지 않을 수 없었다.

이것은 환경 미술가 혹은 대지 미술가로도 불리는 불가리아 출신의 미국 미술가 크리스토와 부인 잔 클로드가 1971년부터 계획하여 직접 독일 국회의원 사무실을 일일이 찾아다니며 지난한 설득의 과정을 거쳐 25년 만에 허가를 받아낸 프로젝트였다.

저녁이 되어 건물 내부에서 조명을 비추자 마치 건물 전체가 바람에 흔들리는 듯한 장엄한 풍경이 관람객들을 숙연케 했다. 2주 후 전시가 끝나고 천이 걷힐 때까지 총 500만 명 이상의 사람들이 세계 곳곳에서 찾아와 이 예술품을 감상한 것으로 추산된다. 많은 미술 평론가들이 이 어마어마한 규모의 예술 프로젝트가 갖는 의미를 여러 가지로 설명하고 있지만, 정작 부부는 그들의 작품이 어떤 깊은 의미도 갖고 있지 않으며 그들의 예술의 목적은 친숙한 풍경을 바라보는 새로운 관점을 만들고 작품을 통해 관객들에게 기쁨을 주는 것이라고 말한다.

1965년에 문을 연 이케아 스톡홀름점은 전 세계에서 가장 규모가 큰 이케아 매장이다. 둥근 원통 모양의 건물은 1959년 지어진 뉴욕의 구겐하임 미술관의 디자인에 영감을 받아 만들어진 것으로 알려졌다. 총 5층으로 된 건물의 면적은 5만 5200㎡에 이른다.

이케아 스톡홀름점 40주년 기념

얼마 전 이케아는 창업 40주년을 기념하기 위해 건물 전체를 마치 케이크에 아이싱을 바르듯 중간중간 딸기가 그려진 흰색 천으로 덮었다. 이케아는 매일 수만 명이 방문해 조립가구와 생활용품을 구입하는 가구점을 거대한 생크림 케이크로 바꾸어 자신들의 생일을 자축했다.

샌프란시스코의 동쪽 해변을 걷다 보면 땅에 반쯤 묻혀 있는 높이 18m, 가로길이 43m의 거대한 활과 화살을 볼 수 있다. 이 설치예술작품 밑에 서 있으면 마치 대인국에 표류해 온 걸리버 같은 기이한 느낌을 갖게 된다. 이 작품은 청계천의 〈스프링〉으로 우리에게도 잘 알려진 클래스 올덴버그의 〈큐피드의 거리〉다.

대표적인 팝 아티스트이자 설치예술가인 올덴버그는 아이스크림 콘이나 모종삽, 옷핀같이 일상적인 사물의 모양은 그대로 유지하

클래스 올덴버그의 〈큐피드의 거리〉

불가리아 소피아광장에 전시된 PS 물뿌리개

면서 크기만 확대하여 거대한 조각으로 만든 작품들로 유명하다. 마치 예술의 엄숙함을 비웃는 듯한 그의 장난기 어린 작품들을 바라보고 있으면 누구나 입가에 저절로 미소를 띠게 된다. 아마도 이것은 일상을 살짝 비틀어 낯설게 만드는 것이 '유머'의 본질이기 때문인 것 같다.

2011년 이케아는 불가리아 소피아점의 오픈을 앞두고 PS 물뿌리개(0.99달러)와 LACK 사이드 테이블(9.99달러), HAMMUT 의자(14.99달러) 등 인기 상품 몇 가지를 실물 크기의 수십 배로 확대한 조형물을 만들어 소피아 광장 곳곳에 전시했다. 지나가던 사람들은 사람 키보다 훨씬 큰 꽃병과 의자 앞에서 사진을 찍으며 유쾌한 시간을 보냈다. 이 제품들은 모두 매장에서 취급하는 물건 중에서도 가격이 저렴하고 디자인이 특이해서 이케아의 콘셉트와 제품들을 불가리아 소비자들에게 알리는 훌륭한 광고가 되었다. 이 기발한 광고의 성공 덕분에 소피아점은 개업일부터 수만 명의 소비자가 몰려들어 문전성시를 이루었다.

20세기 현대 미술에서 대중과 평론가들에게 가장 큰 충격을 주었던 작품을 꼽으라면 많은 사람이 '뒤샹 변기'를 떠올릴 것이다.

프랑스 태생 미술가인 마르셀 뒤샹 Marcel Duchamp 은 1917년 독립 미술가협회 전시회에 근처 가게에서 구입한 변기에 'R.Mutt'라는 서명만

해서 제출했다. 변기를 90도 뒤집어
세워놓고 〈샘Fountain〉이라고 이름 붙인
이 작품은 심사위원들의 반대로 결
국 전시되지 못했고, 이후 원작은 유
실됐다. 하지만 작가와 작품의 관계,
예술의 범주 등 미술사적으로 의미

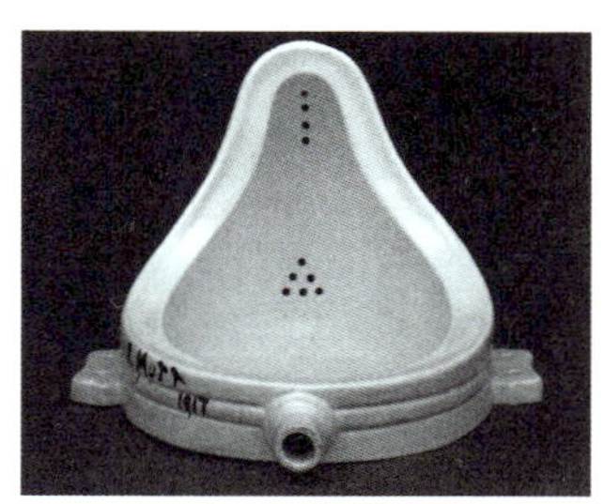
뒤샹의 〈샘〉

있는 질문들을 던진 이 작품은 1950~60년대에 뒤샹의 인가로 10여
개의 모작들이 만들어져 현재 전 세계 유수 현대 미술관에 전시되어
있다.

작가의 창작 노력이 들어가지 않은 기제품을 과연 예술로 볼 수
있는가 하는 미학적 논쟁은 차치하고, 같은 변기라도 그것이 놓인 장
소에 따라 화장실에 있으면 실용적 일상품이지만 미술관에 전시되
어 있으면 문제적 예술작품이 될 수도 있다는 것을 잘 보여주는 작
품이다.

따듯한 햇볕이 내리쬐는 시드니의 본다이Bondi 해변 모래사장에
수천 권의 책이 가득 채워진 30개의 책장이 줄지어 놓였다. 이케아
의 최고 인기 책장인 빌리의 출시
30주년을 기념해 하루 동안 열린
이 야외 도서관에서 사람들은 가져
온 책을 원하는 아무 책으로나 바
꿔 갈 수 있었다.

집 안 서재나 실내 도서관에 있

호주 해변의 빌리 야외 도서관

었다면 전혀 새로울 것이 없는 평범한 책장이지만, 넓게 펼쳐진 하얀 백사장에 나란히 줄 선 빨간 책장은 본다이 해변을 찾은 많은 관광객의 관심을 끌기에 충분했다.

스웨덴보다 유명한 스웨덴 브랜드 : 이케아의 브랜딩 전략

1541년 종교개혁가 장 칼뱅은 사치를 조장한다는 이유로 스위스 제네바 시민들의 보석 착용을 금지했다. 갑자기 직업을 잃게 된 보석 세공인들은 어쩔 수 없이 프랑스와 이탈리아에서 이주해 온 장인들로부터 기술을 전수받아 시계 제작을 시작했다. 정교한 손기술을 갖고 있는 숙련된 장인들의 대거 유입에 힘입어 제네바는 시계 산업의 중심지로 부상하며 1790년대에는 매해 6만 개 이상의 시계를 생산, 수출하기 시작했다.

고장 없고 정확한 시계로 세계적인 인기를 끌던 스위스 시계는 1969년 일본의 세이코Seiko가 개발한 세계 최초의 쿼츠 무브먼트 시계인 쿼츠 아스트론Quartz Astron이 시장에 나오며 큰 위기를 맞게 된다.

무브먼트란 시계를 움직이게 하는 구동장치로 스위스 시계 회사들은 수많은 태엽으로 이루어진 전통적인 방식의 기계식 무브먼트를 사용하고 있었다. 이 기계식 무브먼트는 얇은 수정의 진동을 이용하는 쿼츠식 무브먼트에 비해 관리도 불편하고 정확도도 훨씬 떨어졌다. 하지만 자신들의 기술에 대한 지나친 자만과 오랜 시장 독점에 익숙해 있던 스위스 시계 회사들은 새로운 쿼츠 무브먼트 사용을 망설였고, 1970년대 쿼츠 기술이 상용화되면서 시장의 대부분을 일본과 홍콩의 전자시계 회사들에 내주어야 했다.

결국 1970년대 1600개에 이르던 스위스의 시계 제조업체의 수는 1983년에 이르러 600개로 감소했다.

산업은 위기에 빠졌지만 '스위스 시계' 브랜드는 여전히 세계인들에게 정확한 고급 시계의 이미지를 가지고 있었고, 1983년 스와치Swatch는 이런 고급 스위스 시계 이미지에 파격적 디자인을 가미한 중저가 보급형 시계를 판매하기 시작해 순식간에 세계적인 시계 회사로 성장했다. 스와치의 돌풍적인 인기에 힘입어 롤렉스Rolex나 파택필립Patek Philippe 등 최고가의 고급 브랜드들도 서서히 과거의 명성을 되찾기 시작했다.

스위스 시계의 수출량은 다시 증가했지만 세계화의 영향으로 많은 시계가 인건비가 저렴한 중국 등 제3세계 국가에서 생산, 조립되기 시작하자 스위스 정부는 '스위스 메이드Swiss Made'에 대한 규정을 강화하고 스위스 브랜드의 보호에 들어갔다.

2013년부터 시계에 '스위스 메이드'로 표기하려면 시계 전체 가격 중 스위스 내에서 만들어진 부품이 차지하는 가격의 비율이 60% 이상 돼야 한다. 하지만 세계에서 시간당 임금이 가장 높은 나라 중 하나인 스위스에서 기업들이 여전히 최소 기준을 만족하기 위해 자국산 부품을 사용하는 것은 '스위스 메이드'가 가져다주는 프리미엄 때문이다.

세인트 갤런과 취리히대학의 최근 연구 결과에 의하면 '스위스 메이드'를 시계에 표시할 경우 수익이 20% 증가하고, 고급 시계는 2배 가까이 가격을 높일 수 있는 것으로 나타났다.

이렇게 제조 국가의 이미지가 제품에 대한 소비자의 구매 결정에 긍정적 혹은 부정적 영향을 끼치는 것을 '원산지 효과'라고 부른다. 국가 브랜드와 강하게 밀착된 기업 브랜드는 다른 경쟁 회사들과 구분시켜 주어 소비자의 기억에 오래 남게 된다.

스웨덴을 대표하는 여러 기업 중 자유롭고 실용적이며 친환경적인 스웨덴의 국가 이미지를 가장 잘 활용하는 기업은 단연 이케아다. 파란색 바탕에 노란색 글씨로 쓰인 이케아 로고가 스웨덴 국기와 같은 색이라는 것은 우연이 아니다. 이 파란색과 노란색은 1157년 1차 스웨덴 십자군 원정 당시 핀란드에 도착한 에릭 9세 왕이 하늘에서 황금 십자가를 보고 이것이 신의 계시라고 생각해 푸른 바탕에 노란 십자가를 그린 깃발을 만든 데서 유래했다고 한다. 로고뿐 아니라 매장 건물과 다른 브랜딩에 널리 쓰이는 이 두 가지 색은 사람들이 이케아와 스웨덴을 자연스럽게 연관시켜 생각하게 만든다.

스웨덴 국가 브랜드가 가지고 있는 가장 큰 자산 중 하나는 다른 북유럽 국가들과 마찬가지로 훼손되지 않은 아름다운 자연이다. 실제로 스웨덴은 OECD 국가 중 수질과 대기환경이 가장 좋은 나라이며 온 국토에 아름다운 숲과 맑은 호수가 가득하다. 이는 이케아의 지속적인 윤리적 생산 노력과 함께 친환경 기업 이미지를 강화시켜준다.

이케아 가구가 가지고 있는 가장 큰 약점은 쉽게 고장 나는 싸구려 가구라는 대중의 인식인데, 이것은 튼튼하고 실용적인 고급 가구의 생산지인 스칸디나비아 이미지의 후광을 받아 어느 정도 상쇄된다.

앞서 언급했듯이 고객들이 쇼핑하는 동안 아이를 맡겨놓는 무료 탁아소의 이름은 스웨덴 남부 산림 지방의 이름을 딴 '스몰랜드'이고 이곳에 있는 놀이기구들 역시 스웨덴 숲을 주제로 만들어진 것들이다.

이케아 식당에서는 스웨덴의 대표적인 서민 요리인 미트볼과 링곤베리 소스를 비롯해 다양한 스웨덴 전통 음식들을 판매하고 있다.

이케아 쇼룸에 전시된 책장에 꽂혀 있는 장식용 책들은 스웨덴어로 쓰여 있다. 이렇게 사람들이 잘 눈치채지 못하는 작은 세부사항까지 섬세하게 신경 쓴 노력의 결과 사람들은 이케아 제품을 봤을 때 스웨덴의 국가 이미지를 무의식중에 연상하게 된다. 이렇게 이케아는 기업이 가지고 있는 약점을 스웨덴 국가 브랜드의 장점과 결합해 효과적으로 보완하고 있다.

우리는 흔히 국가의 이미지가 소비자의 제품 평가에 미치는 '원산지 효과'만 생각하지만 사실 국가와 기업이 서로의 이미지에 미치는 영향은 쌍방향이다. 스웨덴의 국가 브랜드가 이케아의 기업 홍보에 긍정적 영향을 주는 것도 사실이지만, 이케아가 가지고 있는 진보적이고 진취적 기업 이미지도 스웨덴의 국가 이미지에 영향을 준다.

요즘 세계적인 한류 열풍에 힘입어 한국의 국가 브랜드를 상품 홍보에 활용하는 국내 기업의 사례가 많이 눈에 띈다. 국가 브랜드와 밀접하게 관계 맺은 기업 브랜드는 궁극적으로 외국인들의 한국과 한국인에 대한 이미지 형성에 많은 영향을 끼친다. 따라서 글로벌 기업들은 책임감 있는 기업 활동을 하려는 노력이 더욱 필요할 것이다.

이케아의 두 얼굴:
지속가능성과 소비주의 사이의 위험한 줄타기

스웨덴 알름훌트에서 이케아가 가구의 역사를 새롭게 쓰기 시작한 지 3년 뒤인 1947년, 이곳에서 북쪽으로 약 460km 떨어진 베스터로스에서는 30세의 얼링 페르손이 '헤네스_{Hennes}'라는 상호의 의류 매장을 처음 열었다. 스웨덴어로 '그녀'를 의미하는 헤네스 매장에서는 처음에는 여성복만 판매했지만 1968년 사냥의류 판매점 마우리츠 위드폴스_{Mauritz Widforss}를 인수한 뒤 회사 이름을 헤네스&마우리츠로 바꾸고 남성복도 함께 판매하기 시작했다.

얼링 페르손은 원래 패션에 큰 관심이 있는 사람은 아니었지만, 공급 체인 관리의 달인이었다. 매년 꾸준히 성장하던 헤네스&마우리츠는 얼링 페르손의 아들인 스테판 페르손이 회사를 운영하던

1980년대와 1990년대에 이르러 급속도로 성장하며 세계적 의류 회사로 발돋움했다. 현재 헤네스&마우리츠는 10만 명의 직원이 일하는 세계 2위의 글로벌 의류 회사가 되었다.

H&M이란 브랜드로 우리에게 익숙한 헤네스&마우리츠는 자라Zara와 함께 패스트 패션Fast Fashion이라는 새로운 시장을 만들어낸 회사이기도 하다. 패스트 패션은 상품의 생산과 유통에 걸리는 시간을 최소화해서 시장에 새로운 상품을 가능한 한 빨리 내놓는 패션 사업 방식을 말한다. 소비자들은 최신 유행의 옷을 저렴한 가격에 구입할 수 있고, 기업은 높은 상품 회전율로 재고비용을 최소화할 수 있다는 장점이 있다. 패스트 패션 브랜드들은 일반 패션 브랜드에 비해 다양한 제품과 낮은 가격이 특징이다.

이런 낮은 가격에도 H&M의 매출은 매년 꾸준히 증가했고, 회장이자 최대주주인 스테판 페르손은 자산가치 280억 달러로 전 세계 12번째 부자로 꼽힌다.

H&M이 이렇게 국제적 브랜드로 성장할 수 있었던 데에는 2004년부터 시작한 베르사체, 로베르토 카발리, 지미 추 같은 세계적인 패션 디자이너들과의 협업이 큰 몫을 했다. 이런 유명 디자이너들이 만든 옷은 보통 수백만 원을 호가하는 고급품인 데다 매장도 제한되어 있어 일반 사람들은 구입하기가 어려웠다. 하지만 H&M은 이들과 함께한 디자인 콜라보레이션을 통해 최신 유행의 옷을 저가의 재질로 대량생산하여 누구나 부담 없이 입을 수 있게 해주었다.

H&M은 좋은 가격에 패션과 품질을 동시에 제공하겠다Fashion and

는 목표로 54개국 3200개 매장에서 전 세계 소비자들에게 매해 수천 가지의 신상품을 판매하고 있다.

하지만 패스트 패션 브랜드에서 판매되는 옷들은 대부분 가격이 싸기 때문에 소비자들은 물건을 구입할 때 그 사용 가치를 자세히 따져보지 않고 사게 된다. 그리고 산 물건이 마음에 들지 않는다고 해도 교환이나 환불을 뒤로 미루다 그냥 옷장 구석에서 잊히는 경우가 많다. 이렇게 버려지는 옷은 미국에서만 1년에 1200만 톤이 넘는다고 한다. 낮은 가격의 이면에는 무분별한 소비라는 어두운 측면이 늘 함께 존재한다.

이들 패스트 패션 회사들은 저가 생산을 유지하기 위해 제3세계 국가의 협력공장 노동자들의 열악한 노동환경을 사실상 묵인하고, 생산과정에서 심각한 환경오염을 야기하는 값싼 섬유를 사용한다는 비난을 받고 있다.

이렇게 기존 제품을 고의적으로 오래된 것, 지겨운 것으로 느끼게 만들어 소비자들의 신상품에 대한 수요를 증가하게 하는 '계획적 진부화Planned Obsolescence'는 유행에 특히 민감한 패션 업계에서는 오히려 오래된 전통이었다.

하지만 이렇게 끊임없는 소비와 폐기의 반복만을 과도하게 조장하는 패스트 패션에 대한 자성의 목소리가 커지고 있고, 친환경 소재나 재활용 소재를 활용한 지속가능한 슬로 패션이 새로운 트렌드로 나타나고 있다.

얼마 전까지만 해도 사람들에게 가구는 한 번 장만하면 세대를 넘어 대물림할 수 있는 집안의 소중한 물건 중 하나였다. 하지만 이케아의 포장가구를 사면서 평생 쓸 목적으로 신중하게 고르는 사람은 많지 않을 것이다. 더욱이 한 번이라도 이케아에서 쇼핑해본 사람이라면 원래 계획했던 필요한 물건만 딱 구입하여 매장을 떠나는 것이 얼마나 어려운 일인지 잘 알고 있을 것이다.

이케아는 오래전부터 생산비 절감의 노력은 노동 착취와 환경 파괴 등 비윤리적인 생산의 유혹에 빠지기 쉽다는 것을 인지하고 지속가능한 생산을 하기 위해 여러 가지 노력을 기울여왔다.

2011년부터 이케아는 에너지 낭비가 심한 백열전구의 판매를 금지하고 할로겐 등과 같이 에너지 효율이 높은 조명기구로 대체하기로 했다. 그리고 가구 생산에 사용되는 접착제와 광택제에 일반적으로 사용되는 유해 화학물질인 포름알데히드의 사용을 금지했다. 또 불법 벌채된 목재의 사용을 엄격하게 금지하고, 생산지의 명확한 추적이 가능한 목재 공급자와만 거래하기 시작했다. 세계에서 세 번째로 많은 목재를 사용하는 회사인 이케아의 이러한 결정은 유럽의 많은 가구 회사에 좋은 모범이 되었다.

이처럼 이케아가 지속가능한 윤리적 생산을 하기 위해 최선의 노력을 하고 있는 것은 분명하다. 하지만 저비용 대량생산 비즈니스 모델은 본질적으로 소비자의 끊임없는 소비와 상품의 교체에 의존할 수밖에 없다.

아무리 친환경 재료와 윤리적 생산방식으로 만들어진 가구라고 해도 싼 가격에 현혹되어 구입한 필요 없는 물건이거나 몇 년 후 새로운 디자인의 제품으로 교체되어 버려진다면 윤리적 소비는 고사하고 결코 합리적 소비라고 할 수 없을 것이다.

우리가 계속되는 인플레이션에도 많은 생활용품을 오히려 과거보다 싼 가격에 살 수 있는 것은 과학기술의 발달과 기업의 경영 혁신의 결과이기도 하지만, 어디선가 우리의 물건값 일부를 대신 내주고 있는 힘없는 누군가의 덕분일 수도 있다. 그것은 제3세계에서 일하는 저임금 노동자일 수도 있고, 러시아의 산림과 그 숲 속에 살고 있는 동물들일 수도 있다.

값싼 가격표 이면에 우리 사회가 지불해야 할 보이지 않는 비용은 없는지, 그리고 이 물건이 정말 꼭 필요한 것인지 꼼꼼히 따져보는 현명한 소비가 필요하다.

글로벌 성공 공식: 이케아의 세계 진출

이케아가 처음 스웨덴 밖으로 매장을 확장한 것은 창업 10년 후인 1963년 노르웨이 오슬로점이었다. 그 후 20년 이상 유럽의 다른 지역으로 스웨덴 조립가구의 판매 영역을 넓혀나가는 동안 이케아의 글로벌 확장 전략은 '표준화'였다.

유럽 내 모든 이케아 매장에서 단순하고 실용적으로 디자인된 동일한 제품들이 환율에 상관없이 저가에 판매됐다. 이런 표준화 전략은 기업의 경영 구조를 단순화해서 중앙 본사가 많은 매장을 효과적으로 관리할 수 있게 해준다. 뿐만 아니라 제품의 개발 및 생산에도 비용절감의 효과가 있다. 예를 들어 문서의 번역은 현지화 정책을 취하는 많은 글로벌 회사들이 공통적으로 겪는 문제 중 하나다. 하지만 이케아 가구의 조립 설명서는 텍스트 없이 기호와 그림만으로 구성되어 있어 사용 언어에 상관없이 누구라도 이해할 수 있게 만들어져 있으므로 번역에 소요되는 비용을 절약할 수 있다. 이케아는 제품뿐 아니라 매장의 구조와 물류 및 판매 시스템도 정해진 매뉴얼에 따라 동일하게 이루어진다.

하지만 1988년 언어와 문화가 전혀 다른 중국 시장에 진출하게 되자 이케아의 표준화 전략은 큰 변화가 불가피했다.

우선 이케아는 중국 국내법에 저촉을 피하기 위해 조인트 벤처의 형태를 취했다. 이것은 중국 시장을 테스트해보고, 지역적 특색을 이해하여 필요한 전략을 만들 수 있는 좋은 플랫폼이었다.

취급 제품은 다른 이케아 매장들과 거의 비슷했지만 중국 가정에서 많이 쓰이는 젓가락, 웍(중국 요리에 쓰이는 깊은 냄비), 중식도(채소나 고기를 다질 때 쓰는 칼)가 추가됐다. 중국의 아파트는 비교적 작은 편이므로 여기에 맞춰 가구의 크기와 형태도 조금 바뀌었다. 매장의 전시장도 중국 아파트의 평균 사이즈에 맞춰 디자인했으며 중국 아파트에 일반적인 발코니를 포함시켰다.

베이징과 상하이 등에 더 많은 매장을 열기 시작하면서 매출은 증가했지만, 수익은 그에 비해 미비했다. 가장 큰 문제는 이케아의 가격정책이었다. 유럽과 북미 지역에서 이케아 가구는 일반적으로 저가로 인식됐다. 하지만 중국에서는 지역 내 다른 가구 가게들이 값싼 노동력과 원자재 사용으로 이케아보다 더 싼 가격에 가구를 팔고 있었다. 중국인들에게 이케아 가구의 가격은 평균 이상으로 인식되었다. 뿐만 아니라 중국에서 유럽 제품들은 보통 동경의 대상이었기 때문에 이케아의 저가 브랜드 전략은 중국인들에게 혼란을 주었다.

이를 알게 된 이케아는 비교적 높은 수입과 높은 교육수준 그리고 서구적 라이프스타일에 친숙한 중국의 젊은 중산층 고객으로 목표 시장을 옮겼다. 마케팅 전략도 변화를 주었는데, 그때까지 다른 대부분 지역에서 이케아의 핵심 마케팅 방법은 카탈로그였다(총 마케팅 비용의 70%). 하지만 중국에서 카탈로그는 다른 중국 경쟁 회사들이 복제품을 따라 만드는 매뉴얼로 사용되었다. 실제로 지역의 가구 회사들은 이케아 제품을 똑같이 카피하여 더 싼 값에 팔고 있었다.

하지만 중국 국내법은 이런 복제가구에 대응할 강력한 법을 가지고 있지 않으므로 이케아는 법적 대응하기를 포기했다. 대신에 중국의 마이크로 블로그 서비스인 웨이보 등 소셜네트워크 사이트를 적극 활용하여 도시에 거주하는 젊은 세대에 대한 마케팅을 강화했다.

중국 내 이케아 매장의 위치도 유럽이나 북미와는 상당히 다르다. 유럽이나 북미의 이케아 소비자들은 보통 자가용을 사용해 매장을 찾기 때문에 매장은 보통 지대가 싼 교외에 위치한다. 하지만 중국의 소비자들은 대중교통을 주로 사용하므로 기차나 전철 등 공공 교통수단과 연계가 좋은 도시의 외곽에 매장을 오픈했다.

하지만 이케아가 모든 난관을 잘 극복할 수 있었던 것은 아니었다. 1999년부터 이케아는 친환경 기업이 되기 위해 여러 방면에 노력을 기울여왔다. 예전에는 공짜로 나누어 주던 비닐 쇼핑백의 사용을 줄이기 위해 가격을 매기기 시작했고, 공급업체들에도 친환경적인 생산방식을 채택하도록 했다. 이케아 매장들도 대체에너지 사용을

이케아 책상 받침대와 이를 개조해서 만든 장식장

늘리기 위해 힘썼다. 하지만 가격에 민감한 중국 고객들은 쇼핑 가방을 돈 내고 사야 하는 것을 이해하지 못했고, 공급업체 대부분은 친환경 제품을 생산할 기술적 준비가 되어 있지 않았다. 이들 협력업체들이 이케아의 기준에 부합하는 데 필요한 기술 개발을 하기 위해서는 많은 설비투자가 필요했고, 이것은 곧 상품 가격의 인상을 의미하는 것이었다. 이케아는 중국 시장 내 치열한 경쟁에서 살아남기 위해 저가 전력을 고수하기로 결정했다.

몇 해 전 이케아 난징점에서 한 커플이 결혼식을 올렸다. 예식은 스웨덴 스타일로 치러졌으며 하객들에게는 스웨덴 음식이 제공됐다. P.R 이벤트로 계획된 이 결혼식은 가구 구매에 대한 동양과 서양의 큰 문화적 차이를 보여준다. 북미나 유럽에서 가구의 구매는 주로 필요한 가구를 가장 효과적으로 찾는 과정이지만, 중국의 많은 커플들에게 가구점을 둘러보는 것은 로맨틱한 경험에 해당한다. 기업의 현지화 전략에는 지리적 특성의 연구 및 인구통계학적 조사도 필요하지만 제품과 브랜드에 대한 소비자의 정서 같은 눈에 보이지 않는 문화적 요소에 대한 섬세한 관찰도 중요하다.

이케아는 빠른 사업 확장과 제품의 품질 유지를 동시에 이루어낸 몇 안 되는 글로벌 회사의 대표 사례 중 하나로 평가받는다. 고객의 라이프스타일이 전혀 다른 시장에 진출하는 기업은 해당 지역의 특징을 무시한 표준화 전략만으로는 현지 소비자의 다양한 욕구를 충족시킬 수 없다. 브랜드 정체성을 유지하면서 끊임없이 시장 변화에 적응하고, 고객의 요구에 맞추어가는 기업만이 지리적·문화적 거리가 있는 새로운 시장에서 성공할 수 있다.

진정한 이케아 효과를
만들려면

1억 년 이상 최고의 동물 종으로 존재하던 공룡 대부분이 갑자기 지구상에서 사라지게 된 원인을 설명하는 다양한 멸종 가설들이 있다. 6500만 년 전에 발생한 이 미스터리한 사건의 명확한 해답은 영원한 미제로 남을 가능성이 많다.

여러 가지 가설 중 가장 유력한 설은 공룡들이 지구상에 생긴 갑작스러운 생태 환경의 변화에 적응하지 못하고 영리하고 날렵한 포유류와의 생존 경쟁에 뒤처져 멸종하게 되었을 것이라는 주장이다. 그래서 '공룡' 하면 변화에 적응하지 못하고 결국 자멸의 운명을 맞게 될 거대 유기체의 대명사로 여겨진다.

2014년 12월 한국에 1호점을 내는 이케아는 주변 상인들과 일부 언론에 '가구 공룡'이라 불렸다. '공룡'이라는 표현 속에는 크지만 적응하지 못할 것이란 전망이 섞여 있는 것처럼 보인다.

전 세계 44개국 355개의 매장을 갖고 한 해 380억 달러의 매출을 올리는 이케아가 규모 면에서 초대형 가구 및 생활용품 업체인 것은 사실이다. 하지만 이케아는 지난 70년 동안 생산부터 판매 방식, 마케팅에 이르기까지 변화와 혁신을 끊임없이 추구해온 기업이다.

한국의 중소 규모 가구점들뿐 아니라 대규모 가구 업체들도 이케아의 한국 시장 진출을 우려와 걱정으로 바라봤다. 특히 경쟁력이 충분히 갖추어지지 않은 영세 가구 업체들의 경우 이케아의 국내 진출로 생존의 위협을 받게 되어 앞으로도 많은 사회 갈등이 불가피할 것으로 보인다.

거대 자본과 다년간의 글로벌 시장 진출 경험을 갖고 있는 해외 기업이 안정된 국내 시장에 새로운 경쟁자로 참여하는 것을 반길 기업은 많지 않을 것이다.

하지만 광명시 국내 1호점에 이어 이미 3호점까지 준비하고 있는 이케아와의 경쟁이 불가피한 국내 가구 업체들에게 현재 무엇보다 필요한 것은 이케아의 제품과 영업 방식에 대한 정확하고 입체적인 이해일 것이다.

이케아가 한국의 가구 산업뿐만 아니라 산업 전반을 파괴할 수 있을 것으로 예상하는 이유는 이케아를 통해 '제품'보다 '경험'을 판매한다는 사실의 중요함을 알 수 있기 때문이다.

한국의 제조, 서비스 업체는 '물건'을 비싸게 파는 데 혈안이 되어 있는 것처럼 보인다. 한국 브랜드가 한국인들에게 그다지 사랑을 받지 못하는 이유는 소비자들이 기업의 이윤 창출에 희생되어 있다는 생각 때문일 것이다.

이케아는 다르다. 솔루션과 제품군에 대해 전반적인 개요를 함께 제공하는 '룸세트'는 소비자는 제품이 아니라 경험을 구매한다는 명제를 확인하게 한다.

이케아에 들어가면 제품을 보고 구매하는 것이 아니라 먼저 2층 쇼룸에서 가상 쇼핑을 하고 품목을 적은 후 1층에 내려와 카트에 담는 시스템이다. 이케아 가구가 가상 전시된 것을 보면서 우리 집을 상상하게 하고 그 이후 구매로 이어지게 한다. 그래서 제품의 가격보다 이 제품이 우리 집에 맞는지 맞지 않는지 보게 한다. 이케아 카탈로그도 '예술'에 가깝다. 세심하게 가구의 소비 경험을 중시하게 만들었다.

많은 소비자가 이케아에서 물건을 구매하지 않고 떠나는 것이 힘들다고 한다. 모든 제품을 특정한 위치에 진열하고 낮은 가격, 훌륭한 디자인, 괜찮은 품질 등이 결합되어 있기 때문이다. 이케아는 항상 새로운 솔루션을 시도하고 성공이 확실하다고 판단되면 매장에 단계별로 소개한다.

지난 70년 이상 지속적 성장을 한 이케아가 아직도 연평균 10%에 가까운 성장을 하며 세계인의 사랑을 받을 수 있는 것은 단순히 대량생산을 통한 규모의 경제 효과뿐만은 아니다. 신생 기업보다 더 과감한 혁신의 노력과 변화의 시도가 있었기 때문에 가능한 것이었다.

이케아의 미로를 연상케 하는 일방통행 매장 구조와 유인상품을 활용한 전략적 가격정책은 단순한 심리 트릭이 아니다. 이것은 이케아의 고객에 대한 철저한 과학적 분석과 연구에 바탕한 것이다.

이러한 다양한 전략들은 소비자의 이케아 매장 내 체류 시간을 늘려주어 제품의 노출 빈도와 노출 시간을 증가시켜 판매량을 높여준다.

이케아 매장에서는 9500가지에 이르는 물건이 판매되고 있지만 잡화점 같은 산만함이 느껴지지 않는다. 이것은 누구나 살 수 있는 아름답고 실용적인 가구를 만들겠다는 이케아의 '민주적 디자인' 철학이 제품의 디자인은 물론 매장 디스플레이와 직원의 유니폼 그리고 마케팅 전략에까지 동일하게 적용되고 있기 때문이다.

이케아 가구의 특징인 조립식 가구는 운송비와 보관비용의 절감을 통해 제품 가격을 싸게 유지할 수 있게 도와준다. 물론 이것은 완제품을 집으로 배송받는 것보다 불편할 수 있다. 하지만 물건을 조립한 사람에게 성취감을 주고 제품에 대해 더 큰 애착을 갖게 해준다는 숨겨진 장점이 있다.

이케아는 자연친화적이고, 가구 디자인의 최고로 불리는 스칸디나비아 디자인의 중심인 스웨덴 국가 브랜드의 후광을 받으며, 강력하게 사람들의 이목을 끄는 게릴라 마케팅을 활용한다.

이케아의 글로벌 정책은 기본적으로 표준화이지만, 철저한 지역 시장 분석을 통해 융통성 있게 현지화 전략도 함께 취한다.

이케아가 한국 시장에서 성공할 수 있을지는 미지수다. 대형 가구보다는 소형 가구, 주방용품 시장에 더 큰 영향을 끼칠 것이라는 분석도 있다. 1인 가구의 증가 등 인구사회적 변화와 실용성을 중요시하는 시장의 변화는 분명 이케아에 큰 경쟁우위로 작용할 것이다. 반면 이케아의 글로벌 표준화 정책은 독특한 한국 시장의 변화에 민첩하게 반응하기 어렵게 할 것이다.

또한 고품질의 가구를 장만해 오랜 시간 아끼며 소중하게 사용하고 싶어 하는 소비자에게 이케아는 이상적인 가구 선택이 아닐 것이다.

이케아의 국내 시장 진출은 소비자들의 가구 구매 방식을 크게 바꿀 것이다. 이미 쇼핑은 현대인들의 생활에 큰 오락으로 자리 잡은 지 오래다. 상품 가격의 하락으로 예전에 사치품으로 여겨지던 많은 물건이 이제는 단순 소모품으로 바뀌었다. 사람들은 이제 단순히 원하는 물건을 빨리 찾기 위해 쇼핑을 하는 것이 아니다. 소비자는 쇼핑 중 더 많은 시각적 자극을 원하고 있으며 다양한 오락을 찾고 있다.

쇼퍼테인먼트_shoppertainment_의 시대에 살고 있는 우리는 이제 꼭 필요한 물건이 없어도 주말이면 가족들과 함께 이케아를 방문해 인테리어 잡지처럼 잘 꾸며진 이케아의 쇼룸을 둘러볼 것이다. 창고형 매장에서 원하는 물건을 구입한 뒤 이케아 레스토랑에서 스웨덴식 미트볼을 먹고 커피를 마시며 여유롭게 시간을 보내게 될 것이다.

이케아의 등장은 가구혁명이 아닌 문화혁명으로 기록될지도 모른다. 도시 외곽에 위치한 이케아 매장은 바쁜 일상에서 벗어나 누구나 잠시 동안 스웨덴 문화를 경험할 수 있는 휴식처가 될 것이다. 매장에서 사람들은 이케아 '제품'뿐 아니라 이케아 '경험'을 소비하게 될 것이다.

무려 70년 동안 이케아를 이끈 창업자 잉바르 캄프라드는 현재 88세다. 하지만 강력한 리더십 위에 세워지고 성장한 다른 대부분의 가족경영 기업들과는 달리 '캄프라드 이후의 이케아'를 걱정하는 사람들은 눈에 띄지 않는다.

이것은 소년 캄프라드가 17세에 삼촌 댁 주방에서 시작한 이케아가 세계 최대의 가구점으로 커오는 동안 그가 뿌린 검소하고 실용적인 기업 문화의 씨앗이 이미 직원들 속에 깊게 뿌리내리고 있기 때문일 것이다.

AMAZON
NETFLIX
TESLA
IKEA

2장

자동차에서 우주까지,
테슬라의 도전

Disruptors

"인구, 기술수준, 성향을 고려할 때 한국은 전기차 시장이 빠르게 성장할 수 있는 곳이다." 2014년 10월 7일 방한한 BMW그룹 빌 매컨드류 부사장의 말이다.

BMW는 지난 4월 국내 시장에 처음 전기차 i3를 내놨다. 세계적 자동차 그룹 BMW는 한국 전기차 시장의 높은 가능성을 의심하지 않았다. 기존 BMW 매장을 기반으로 i3 판매를 시작했다. 이미 지난 20년간 한국 시장에서 차를 팔아본 BMW는 기존 인프라를 활용하며 테슬라보다 먼저 영역 확장에 나섰다.

i3를 가끔 도심에서 만난다. 시범단지에서 보던 전기차가 이제 일상생활로 들어오는 느낌이다. 올(2014년) 들어 국내 시장에서 소비자가 선택할 수 있는 전기차 차종이 셋에서 여섯 모델로 늘었다.

불안하던 주행거리는 향상됐고 구매 부담이었던 가격도 하락세다. 충전 인프라도 확충되면서 국내 전기차 시장도 꿈틀대기 시작했다.

전기차 시장은 아직까지는 정부 주도 성격이 강하다. 서울과 제주를 포함해 전국 10개 전기차 선도 도시가 지정됐다. 민간이 전기차를 구매하면 최소 1800만 원에서 최대 2400만 원을 지원한다. 환경부가 1500만 원을, 지자체가 300만 원에서 최대 900만 원의 추가 보조금을 준다. 전기차 운영에 필요한 자금 절반 이상을 무상 지원받는 셈이다.

전기차에 대한 인식도 달라졌다. 일부 IT 업계에 종사하는 사람들 사이에서 테슬라 모델S는 드림카로 자리 잡았다. BMW가 i3 시판에 들어가며 전기차에 대한 막연한 동경도 생겼다. 전기차는 환경친화적이라는 이점과 함께 부담 없는 유지비로 긍정적인 인식이 확산 중이다.

국내 시장은 전기차 셰어링, 렌털, 전기택시 등 서비스 분야로도 영역을 확대한다. 에버온은 르노삼성의 SM3 Z.E를 전기차 셰어링과 리스·렌털 서비스에 투입했다. 이 회사는 기아차 레이EV 120대를 포함해 총 320대의 전기차를 보유했다.

기업들은 전기차를 업무용 차량으로 쓰기 시작했다. LG화학과 LG CNS 등이 에버온에서 전기차를 업무용 차량으로 렌털했다. KT는 KT렌탈에서 전기차 100대를 확보해 운행한 후 효과를 분석해 물량을 늘릴 계획이다.

국내 도로에서 전기택시를 볼 날도 머지않았다. 2013년 전기택시 시범사업을 한 대전시는 올해 10대를 실제로 투입한다. 제주도와 서울시도 전기택시 사업을 준비 중이다.

이제 한국 시장은 더 이상 전기차 불모지가 아니다.

테슬라는 2013년 11월 18일 한국서 기업설명회를 열었다. 이 행사는 아시아에서 유일하게 한국과 대만에서만 열렸다. 당시 테슬라는 한국 내 전기차 시장 상황과 정부 지원책 등을 살피고 돌아갔다. 한국 진출에 수년이 걸릴 것이라는 원론적인 답변만 내놨지만 시장규모가 큰 중국이나 일본에서 자리를 잡고 들어올 가능성이 크다.

현재 테슬라는 미국과 유럽, 중국, 일본, 홍콩에 진출했는데 프레몬트 공장에서 수요를 충당하는 데 한계가 있다. 한국 시장에 진출하고 싶어도 공급이 모자라는 셈이다.

테슬라는 대형 배터리 생산 공장인 기가팩토리 사업을 시작했다. 한국 진출은 기가팩토리에서 대규모 생산이 시작되는 시점이 될 공산이 크다.

소문난 자동차 수집가인 정용진 신세계그룹 부회장은 2013년 미국서 모델S를 직접 구입했다. 집에 충전시설까지 자체적으로 설치하며 테슬라에 높은 관심을 보였다. 테슬라는 정 부회장의 단순한 취미에만 머물지 않았다. 신세계그룹은 2015년까지 전국 이마트 100여 곳에 전기차 충전시설을 갖추겠다고 발표했다.

전기차에 대한 인식 전환부터 충전 인프라 확산과 차종 증가. 이제 전기차는 일부 마니아만을 위한 차량이 아니다. 생활 속으로 들어오고 있다. 전기차 선두 기업 테슬라는 호시탐탐 기회를 노린다. 대비하지 못하면 어느 틈에 테슬라 전기차가 우리 도로를 점령할지도 모른다.

자동차인가,
컴퓨터인가?

'바퀴 달린 컴퓨터다.'

미국 캘리포니아 토팡가에 위치한 웨스트필드몰. 커피를 한잔 마시며 누구나 부담 없이 들어갈 수 있는 곳의 테슬라 매장. 주저 없이 이곳으로 들어갔다. 마치 애플 스토어나 옷 가게에 들어가듯 테슬라 전기차 매장은 쇼핑몰 한가운데 자리 잡았다.

빨간색 모델S가 고객을 맞는다. 직원은 너무 편하게 모델S로 고객을 이끈다.

테슬라모터스 대표 전기차 모델S는 말 그대로 바퀴 달린 컴퓨터다. 겉은 자동차가 분명한데 운전석에 앉는 순간 컴퓨터를 부팅했다는 느낌이 든다. 최신 자동차는 과거와 달리 자체적인 컴퓨팅 시스템을 갖췄다. 그렇다고 자동차 기능보다 컴퓨팅 시스템이 더 부각

차량 중앙에 17인치 대형 터치스크린이 달린 테슬라 모델S

되지는 않는다. 그저 기계적으로 움직이는 자동차의 보완재적 성격이 강하다.

테슬라 모델S는 이와 정반대다. 모델S는 완벽한 전기차이며 달리는 컴퓨터로 구현됐다. 모델S는 세련된 외관 디자인으로 눈길을 끈다. 절제된 곡선미로 럭셔리 전기차라는 새 카테고리를 열었다. 운전석에 앉으면 17인치 대시보드 디스플레이에 눈이 간다. 시원함 그 자체다. 모델S를 바퀴 달린 컴퓨터라고 느끼게 하는 가장 큰 요소다. 대시보드는 태블릿PC를 이용하는 것처럼 직관적이고 편하다. 터치스크린을 터치해 선루프를 연다. 선루프는 내가 원하는 만큼 1% 단위로 조정된다.

모델S는 시동을 걸지 않는다. 기계적 엔진이 없으므로 브레이크 페달을 밟으면 시동이 걸린다. 가속 페달을 밟는 순간 빠르게 튀어나간다. 자동차 내 모든 시스템을 관장하는 컴퓨터가 있고 힘은 리튬이온 배터리에서 나온다. 기존 가솔린차를 운전하듯 가속 페달을 밟으면 차량이 순식간에 앞으로 나가 앞차와 충돌할 수 있다. 모델S는 변속기가 따로 없다. 가속 페달이 변속기 역할을 하는데 반응 속도가 매우 빠르다. 프로그램적으로 움직이기 때문이다. 모델S 운전은 놀이동산 범퍼카와 유사하다.

테슬라는 자동차 시장에서 가장 앞선 인포테인먼트 시스템을 자랑한다. 기존 자동차 회사는 이제야 인포테인먼트 시스템 보강에 나섰다. 자체적인 인포테인먼트 시스템을 개발하던 자동차 제조사들

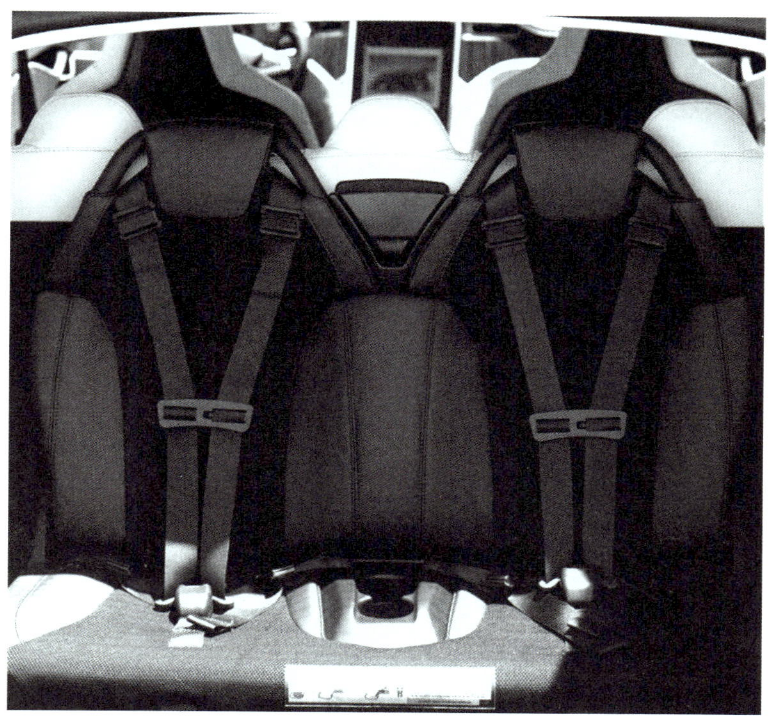

아동 2명이 탈 수 있는 공간으로 변신하는 트렁크

은 아직 이렇다 할 기능을 보여주지 못했다. 오히려 사용이 복잡하고 쓸데없이 많은 기능을 넣은 인포테인먼트 시스템으로 자동차 가치를 떨어뜨린다. 한계에 부딪힌 자동차 회사들은 구글과 애플의 스마트폰 운영체제os를 기반으로 하는 인포테인먼트 시스템에 눈을 돌린다.

테슬라는 이 점을 간파했다. 모델S 대시보드는 직관적인 사용자 환경UI: User Interface을 자랑한다. 왜 테슬라를 제2의 애플이라 부르는지 조금은 이해할 수 있는 대목이다. 테슬라는 자동차 제조사이지만 강력한 소프트웨어를 가졌다. 소프트웨어 기술은 그대로 대시보드에 녹아 있다. 내비게이션이나 차량의 모든 기능을 이곳에서 손쉽게 제어한다. 배터리 충전 상태, 후방 카메라, 차량 정보는 물론이고 선루프를 얼마나 열지도 세심히 조절할 수 있다. 화면은 둘로 나눠진다. 길 안내를 시작하는 계기판에 정보가 나온다. 남아 있는 배터리 용량과 이용 상황도 실시간으로 보여준다. 가까운 충전소 안내는 기본이다. 모델S는 향상 네트워크에 연결되어 스마트폰으로 차량이 주차된 위치도 쉽게 찾을 수 있다.

더운 여름날 뜨겁게 달아오른 자동차에 타면 숨이 턱턱 막힌다. 모델S는 엔진을 켤 필요가 없으므로 에어컨을 미리 틀어 시원하게 운행을 시작할 수 있다.

기능도 달라진다. 마치 스마트폰에 앱을 깔 듯이 테슬라는 대시보드에 새로운 서비스를 선보인다. 한 번 구입하면 다음 차량을 살 때까지 똑같은 인포테인먼트 기능을 써야 하는 기존 차량과 확연히 구

분된다. 실제 모델S를 구입할 때도 차량 성능보다 인터페이스와 응
용 프로그램이 큰 영향을 끼친다.

모델S의 또 다른 장점은 수납력이다. 스포츠 세단이지만 많은 짐
을 싣는다. 뒤 트렁크는 아이 둘이 편히 탈 수 있을 만큼 넉넉하다.
앞에도 수납공간이 있다. 짐이 많고 식구가 많은 집도 멋진 스포츠
세단을 탈 수 있는 셈이다. 테슬라모터스의 최고경영자 엘론 머스크
는 아들을 다섯이나 둔 아빠다. 본인 스스로 필요에 의해 이런 차를
만들었다는 생각이 든다. 회사를 갈 때는 물론이고 아이들과 나들
이를 갈 때도 언제나 만족할 수 있는 차를 꿈꿨을지 모른다.

모델S 바닥은 거대한 배터리팩으로 차 있다. 충전은 매우 간편하
다. 모델S 전용 충전소인 슈퍼차저Super Charger를 이용한다. 모델S는 충
전소에 들어가면 충전기 핸들에 붙은 RFID 태그를 자동으로 인식하
고 충전 포트를 열고 충전한다. 일반 자동차와 다른 모습이다. 테슬
라는 충전하는 30분도 아까워하는 사람을 위해 배터리 전체를 90초
안에 교환하는 기술을 개발했다. 모델S는 자동차와 컴퓨터의 완벽
한 조화 그 자체다.

캘리포니아 남북을 가로지르는 101 프리웨이는 심한 교통체증으
로 악명이 높다. 8월 평일 낮인데도 꽉 막혔다. 그나마 카풀라인은
덜하다. 테슬라 모델S는 2명 이상 승차하지 않아도 카풀라인을 달릴
수 있다. 캘리포니아 주정부는 친환경zero emission 차량인 모델S에 카풀
라인을 달릴 수 있는 스티커를 발부했다. 오른쪽 범퍼 아래 스티커
를 붙이고 카풀라인을 달린다.

2003년 설립된 테슬라모터스는 이제 막 11년 된 새내기 회사다. 수십 년의 제조 노하우를 가진 미국 디트로이트나 독일이 아닌 실리콘밸리 기업이다. 10년밖에 안 된 자동차 제조사가 이렇게 큰 주목을 받은 건 테슬라가 처음이다.

테슬라는 단순한 전기차 회사가 아니다. 아직 그 누구도 테슬라의 정체를 규정하지 못한다. 1999년 전자상거래 기업 아마존이 등장했을 때와 비슷하다. 당시 투자가는 아마존이 완전히 새로운 패러다임인지, 그저 상품을 전달하는 또 다른 방법인지 판단하지 못했다. 이런 상황은 기업가치 평가를 어렵게 만든다.

테슬라도 마찬가지다. 미국 월스트리트를 비롯해 투자가는 테슬라를 어떤 기업으로 규정할지 아직 정의 내리지 못했다. 단순한 전기자동차 제조사는 아니라는 데 동의한다.

자동차 제조사를 가장한 소프트웨어 회사

과연 테슬라의 정체는 무엇인가?

우선 자동차 제조사의 탈을 쓴 소프트웨어 개발사다. 테슬라가 자동차 제조의 심장인 디트로이트가 아닌 실리콘밸리에 본사를 둔 이유다. 가장 유능한 소프트웨어 개발자를 채용하는 데 실리콘밸리만큼 좋은 곳이 어디 있겠는가. 실리콘밸리의 다른 회사처럼 테슬라는 소프트웨어 개발에 집중한다.[1] 소프트웨어 개발 인력과 자동차 엔지니어링 인력이 반반이다.

테슬라는 전기차의 근간인 배터리 시스템 개발에 집중했고 상용화에 성공했다. 이제 도로에서 운행할 수 있는 수준의 안전성을 자랑하는 소프트웨어 회사다. 테슬라 차량에 적용한 대부분 소프트웨어는 내부에서 개발됐다. 강력한 소프트웨어는 테슬라의 원동력이다. 차량을 더욱 유연하고 다이내믹하게 개발할 수 있는 기반이다. 어떤 자동차 회사도 갖지 못한 힘이다.

테슬라의 소프트웨어 개발은 기존 자동차 회사와 다른 사용자 경험을 제공한다. 테슬라는 2013년 연이은 모델S 배터리 화재 사건으로 위기에 몰렸다. 여기에 가정용 충전기가 과열되어 화재로 이어질 수 있다는 문제가 발견됐다. 2014년 1월 테슬라는 충전 소프트웨어를 업그레이드하고 어댑터를 택배로 보냈다. 주로 차량에 문제가 발생했을 때 하는 물리적 리콜과 완전히 다른 해결책을 제시했다.

바로 소프트웨어 패치다. 테슬라는 문제가 발생한 차량 충전 소프트웨어를 무선 인터넷을 활용해 업그레이드했다.[2]

모델S 고객은 에프터서비스AS 센터에 갈 필요 없이 집에서 모든 문제를 해결했다. 이 때문에 당시 엘론 머스크는 리콜[3]이 아니라고 주장했다. 기존 자동차 업계의 물리적 리콜과 완전히 다른 형태이기 때문이다.

테슬라는 17인치 대형 모니터에서 쓸 수 있는 다양한 서비스를 위해 소프트웨어개발자도구_{SDK}를 제3의 개발자에게 공개하기로 했다.

모델S 운영체계는 우분투?

모델S를 구매한 한 고객. 그는 모델S가 어떻게 운행되는지 매우 궁금했다.[4] 바퀴 달린 컴퓨터를 잘 알아볼 방법은 바로 해킹이다. 모델S 커뮤니케이션 시스템을 해킹했고 우분투 OS에서 작동하는 것을 알아냈다.

테슬라모터스클럽 사이트에는 이미 오래전부터 모델S 대시보드 왼쪽에 있는 커넥터 존재가 알려졌다.[5] 호기심 많은 모델S 고객은 차량 중앙 콘솔과 내비게이션 스크린으로 이어지는 몇 개 포트를 더 찾아냈다. 이렇게 해서 모델S가 리눅스의 일종인 우분투를 OS로 쓰는 것을 발견했다. 17인치 대형 터치스크린에서 작동하는 웹 브라우저는 파이어폭스였다.

몇몇 고객은 테슬라가 소프트웨어개발자도구를 내놓고 관련 앱이 나올 때까지 기다리지 않고 비디오 상영 기능을 넣는 등 개인적으로 인포테인먼트 시스템을 바꿨다.

물론 테슬라는 이 소식이 달갑지 않았다. 안전이 최우선인 자동차 내부 시스템에 소비자가 접근했다가 각종 문제를 일으킬 수 있기 때문이다. 테슬라는 해킹으로 발생한 문제는 품질보증 기간일지라도 서비스하지 않는다고 밝혔다. 테슬라에 이메일을 보내 우분투 OS 사용을 공식적으로 문의했지만 어떤 답변도 받지 못했다.

에너지 시장의 태풍의 눈

테슬라는 자동차 시장의 떠오른 샛별이면서 에너지 플랫포머다. 테슬라 배터리 기술은 운송과 에너지 시장에 직접적인 영향을 미친다. 테슬라는 향후 스마트 그리드 시장에서 태풍의 눈이 될 공산이 크다. 10년여에 걸친 전기자동차용 배터리 시스템 개발은 테슬라에 새로운 사업 기회를 열었다. 전기차를 제조하는 것은 물론이고 다른 기업에 배터리팩을 팔 수 있는 새 비즈니스를 창출한다.

엘론 머스크 CEO는 2014년 2월 '기가팩토리Gigafactory[6]라 불리는 배

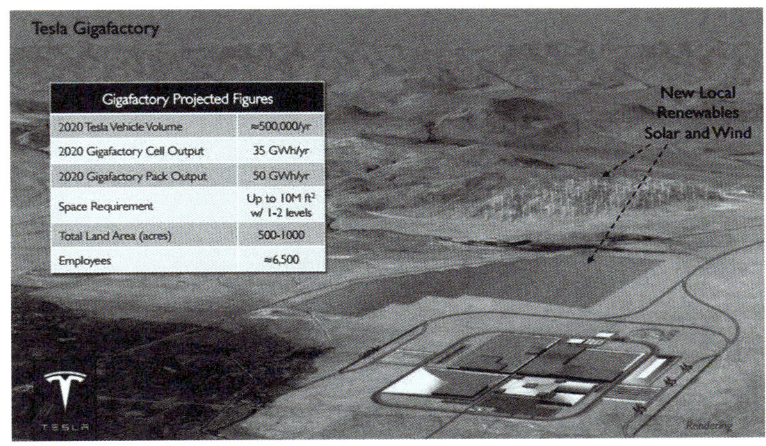

터리 공장 설립 계획을 밝혔다. 테슬라는 같은 해 9월 4일 네바다를 기가팩토리 위치로 최종 낙점했다.[7] 기가팩토리는 단순히 전기자동차용 2차전지 공급 전진기지를 넘어 에너지 시장의 거대 회사로 성장할 가능성이 크다. 테슬라는 2017년까지 여의도 면적의 3분의 1에 달하는 부지에 연 35GWh(Gigawatt hour) 리튬이온 전지를 생산할 공장을 짓겠다고 선언했다. 2020년에는 2차전지 셀과 팩을 합해 50GWh 규모로 끌어올리겠다고 밝혔다. 총 투자규모는 50억 달러(약 5조 3400억 원)로 완전히 가동하는 시기는 2020년이다.

전기차 핵심 부품인 배터리 비용을 최대 30%까지 낮출 것으로 기대한다. 대량생산으로 규모의 경제를 노린다. 배터리 가격은 전기차 생산 원가의 30~40%를 차지한다. 테슬라는 기가팩토리 건설을 위해 16억 달러 선순위 전환사채를 발행해 자금을 조달한다. 2020년까지 최대 50억 달러가 투자되며 파트너인 파나소닉도 상당 금액을 지원할 것으로 알려졌다. 테슬라는 네바다 리노에 지을 기가팩토리로 테슬라 전기차용 2차전지를 직접 공급하고 태양광 등 신재생에너지원과 연계한다.

움직이는 에너지 저장 매체

전기차를 단순히 친환경 차량으로 바라봐서는 안 된다. 전기차는 움직이는 에너지 저장 매체라고 해도 과언이 아니다. 언제 어디서나 필요할 때 손쉽게 전력을 끌어 쓸 수 있는 수단이다. 테슬라는 태양광에서 전력을 생산하고 배터리에 저장했다가 필요할 때 꺼내 쓴다. 그냥 흘려보내던 전력 서비스 시장에 새로운 모델의 탄생이다.

엘론 머스크는 태양광 설비 기업 솔라시티의 회장이다. 이미 에너지 사업에 깊게 관여했는데 기가팩토리로 '에너지 저장 기업'으로 확장을 꿈꾼다. 미국 2위 태양광 기업 솔라시티는 태양광 패널 사업을 한다. 태양광 패널을 설치하는 가구는 늘었지만 에너지를 저장해 언제 어디서나 쓸 수 없는 한계가 있다. 태양광 패널을 설치한 가정이나 기업은 낮에 전기를 생산해 사용하지만 밤에는 별도 전기를 써야 했다. 배터리와 관리 시스템이 없으면 전력을 저장할 수 없기 때문이다.

엘론 머스크는 테슬라가 개발한 자동차 배터리 기술을 활용해 태양광에너지를 저장할 길을 열었다. 바로 스마트 그리드 사업이다. 솔라시티는 테슬라 배터리를 에너지저장장치ESS로 활용한 '솔라시티 디맨드 로직'[8] 사업을 시작했다. 솔라시티는 우선 캘리포니아 300가구에서 시험 서비스를 진행 중이다.

테슬라-기가팩토리-솔라시티-스페이스X '4각편대'

테슬라는 전기차와 2차전지 일괄 생산체계를 만들고 규모의 경제효과를 극대화한다. 테슬라-기가팩토리-솔라시티-스페이스X로 이어지는 4개 축이 연결된다. 저렴한 2차전지는 전기차 가격을 낮춰 대중화 시대를 연다. 2차전지는 다시 신재생에너지 네트워크 확산을 주도한다. 수백 년간 독점적인 전기 유틸리티 사업에 엄청난 파괴를 몰고 온다. 테슬라가 단순한 전기차 회사가 아닌 이유다. 테슬라는 엘론 머스크가 꿈꾸는 에너지와 물류 플랫폼의 중심이다. 테슬라 전기자동차 배터리 기술은 다양한 분야로 파급이 크다.

엘론 머스크는 민간 우주 수송 시대도 개척 중이다. 그의 또 다른 회사 스페이스X는 나사와 계약을 맺고 각종 우주 화물을 국제우주 정거장ISS에 배달한다. 지구에서 저장한 태양광에너지를 ISS에 전달할지도 모른다. ISS는 물론이고 화성 등 새로운 은하계 정착에 가장 기본적인 주거 서비스를 제공하는 기업이 될지 모른다.

미국을 관통하는 무료 충전 네트워크, 슈퍼차저

2014년 1월 30일 늦은 밤, 15명의 테슬라 엔지니어와 자체 충전소(슈퍼차저) 담당자로 구성된 '테슬라 크로스컨트리 랠리팀'은 모델S 3대에 몸을 실었다.

모델S로 미 서부 LA에서 동부 뉴욕까지 4일간의 횡단을 시작했다. 모델S는 오직 테슬라의 태양광 초고속 충전소인 슈퍼차저만 이용한다. 전기차 역사상 최초의 미 대륙 횡단이다.

테슬라 크로스컨트리 랠리팀은 미 전역에 설치된 슈퍼차저에서만 충전해 대륙을 횡단했다. 연료비는 0원. 말 그대로 한 푼도 들이지

태양광으로 충전하는 테슬라의 무료 충전소, 슈퍼차저

않고 미 대륙 횡단에 성공했다. 랠리팀은 2014년 겨울 미국에 몰아닥친 엄청난 혹한으로 운전에 어려움을 겪었다. 하지만 포기하지 않았다. 랠리팀은 애초 예정보다 하루 늦은 1월 2일 뉴욕에 도착하며 연료비 없이 태양광에너지로 만든 전기로 미국을 관통했다.

모델S가 미국 횡단에 성공한 것은 독자적인 급속 충전 네트워크 슈퍼차저 덕이다. 테슬라는 단순히 전기차만 판매하지 않고 충전 인프라에 대대적으로 투자했다. 전기차를 사는 가장 큰 목적은 경제성과 환경보호다. 초기 차값은 비싸지만 공해물질 배출이 없는 데다 가솔린차보다 경제적인 운행이 가능하기 때문이다.

기존 자동차 회사가 내놓은 전기차는 공공 충전 네트워크 확장에 소홀했다. 차량 확대가 먼저라는 입장이 강했다. 닭이 먼저냐, 달걀이 먼저냐의 논쟁을 벌이며 전기차 자체 판매에만 집중했다.

테슬라는 이를 놓치지 않았다. 태양광으로 빠르게 충전하는 공공

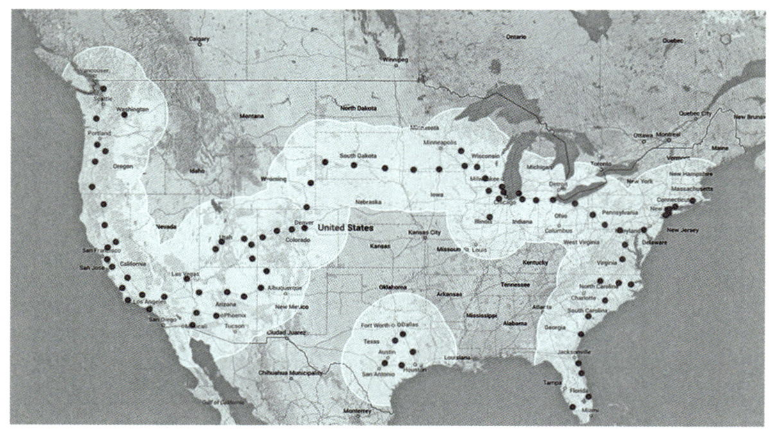

미국 내 슈퍼차저 네트워크

충전 네트워크를 확대했다. 차량 판매와 함께 충전 네트워크를 빠르게 늘렸다. 대규모 투자이지만 향후 전기차를 더 많이 팔 수 있는 인프라를 확충하는 데 집중했다. 2014년 5월 현재 미국 전역에서 슈퍼차저는 100곳에 달한다. 테슬라는 미국은 물론이고 유럽, 중국까지 슈퍼차저를 확산 중이다.

기존 자동차 기업은 전기차를 만들지만 충전 네트워크 확충에는 소극적이다. 테슬라가 슈퍼차저를 늘릴수록 전기차 시장에서 입지는 더 커진다. 미국을 관통하는 충전 네트워크는 앞으로 경쟁 전기차 기업에 막대한 장벽으로 작용할 공산이 크다.

테슬라는 2012년 9월 슈퍼차저를 발표했다. 태양광에너지를 이용한 충전소다. 모델S 배터리 절반을 충전하는 데 걸리는 시간은 20분에 지나지 않는다. 80%는 40분, 100%는 75분이 걸린다. 기존 공공 전기차 충전소보다 16배 이상 빠른 속도다. 테슬라는 향후 120kW 슈퍼차저를 운영할 계획이다. 현재보다 33%나 더 빨리 충전된다. 무엇보다 슈퍼차저는 무료다. 모델S 운행에 비용이 전혀 들지 않는다.

모델S 고객은 슈퍼차저가 어디 있는지 찾아다닐 필요도 없다. 모델S 17인치 터치스크린은 배터리 충전 상황을 파악하고 슈퍼차저가 어디 있는지 알려준다.

슈퍼차저가 카페와 레스토랑 근처에 있는 점도 주목할 포인트다. 전기차의 가장 큰 단점은 긴 충전 시간이다. 집이나 회사에서 충전할 때는 문제가 없지만 장거리 운전 중에는 짜증이 난다. 빨리 충전하고 목적지로 가야 하는데 30분의 시간은 너무 길다. 주유에는 평균 5분밖에 안 걸린다. 다른 제조사는 그 정도는 감수해야 한다고 했지만 테슬라는 운전자의 습성을 놓치지 않았다.

슈퍼차저를 카페와 레스토랑 근처에 만들어 불편을 최소화한다. 충전하면서 식사를 하고 커피를 마신다. 장거리 운전을 하며 운전자에게 잠시 쉴 수 있는 여유도 주면서 충전을 하는 셈이다. 운전자 불만은 최소화되고 안전 운전에도 도움이 되는 일석이조의 효과다. 충전비는 무료니까 주유를 하는 대신 그 돈으로 맛있게 식사를 하면 된다.

전기자동차 배터리를 스마트폰처럼 바꾼다

테슬라는 모델S를 무료로 충전하는 슈퍼차저 네트워크는 물론

90초 만에 자동차 전체에 쓰인 배터리를 교환하는 기술도 가졌다. 테슬라는 배터리 스와프_{Battery Swap}라고 부른다. 휴대폰 배터리를 갈아 끼우듯 자동차 배터리를 바꾼다. 차량 바닥에 설치된 배터리 아래로 기계가 올라와 통째로 교환한다. 슈퍼차저처럼 이 또한 무료다. 슈퍼차저 스테이션이나 테슬라 스테이션에서 완전히 충전된 배터리로 교환하면 된다.

자동차에 가솔린을 가득 주유하는 데 대략 4~5분이 소요된다. 모델S 배터리팩 전체를 바꾸는 데 걸리는 시간은 1분 30초밖에 안 든다. 주유보다 3배나 빠른 속도로 배터리를 완전 충전 상태로 만든다. 슈퍼차저에서 20분씩 충전할 시간이 없이 급할 때는 배터리를 교체한다.

테슬라가 몰려온다

2014년 3월 스위스 제네바 모터쇼.

"올해 말에는 슈퍼차저로 충전하면서 유럽 전역을 여행하게 될 것입니다." 엘론 머스크는 미국을 넘어 유럽 시장 진출에 대한 강한 야심을 숨기지 않았다.

테슬라는 2014년 유럽에 30개 새로운 서비스 센터와 매장을 열겠다고 밝혔다. 여기에 무료 충전 네트워크 슈퍼차저 확충도 선언했다.

세계 시장을 노린 테슬라가 가속도를 내기 시작했다. 테슬라는 2013년 2만 2000대 전기차를 공급했다. 전문가들은 2014년 유럽과 아시아 판매량이 북미 판매량의 2배를 넘어설 것으로 전망한다. 테슬라는 오른쪽 운전석 모델S를 영국에 내놓고 리스 형태 판매 모델도 시작한다. 현재 테슬라는 벨기에, 덴마크, 독일, 스위스에서 전기차를 판매 중이다.

테슬라는 2014년 3월 노르웨이에서 월 판매 기록을 갈아치웠다.[9] 노르웨이 교통국에 따르면 테슬라는 한 달간 모델S 1493대를 팔았다. 기존 노르웨이 판매량의 2배가 넘었다. 1986년 포드가 세웠던 시에라Sierra 세단 1454대 판매 기록을 갈아치웠다.

스칸디나비안 국가는 전기차 기업에 매우 중요한 곳이다. 테슬라는 물론이고 닛산과 미츠비시모터스가 이 시장에서 경쟁했다. 노르웨이는 인구 500만의 작은 나라이지만 친환경 자동차에 주는 높은 혜택으로 유명하다. 노르웨이는 친환경 차량 구입자에게 많은 세제 혜택을 주는 것은 물론이고 고속도로에서 전용 차로로 달리게 하며 충전과 주차도 무료로 제공한다.

다른 유럽 국가에서도 테슬라의 질주는 멈추지 않는다. 2013년 모델S는 스웨덴과 덴마크, 노르웨이에서 모두 '올해의 차'에 이름을 올렸다. 스위스에서는 '가장 세련된 차Most Stylish Car'로 꼽혔다.

세계 최대 시장으로 우뚝 선 중국에서도 가속 페달을 밟고 있다. 중국은 세계 자동차 제조사의 최대 시장이다. 엘론 머스크는 향후 3~4년 내 중국에 생산 공장 설립 계획을 밝히며 공략에 박차를 가했다.[10] 수입품에 부과되는 25% 관세를 피해 더 저렴하게 중국 시장에 전기차를 공급하기 위해서다. 중국 공장은 아시아권에 테슬라 전기차를 확산하는 전진기지 역할도 한다.

테슬라는 2014년 4월 23일 상하이 푸둥 진차오에 문을 연 테슬라 매장에서 첫 출시 행사를 열고 중국 고객에게 모델S를 전달했다. 같

모델S	미국	2012년 6월 판매 시작
	유럽	2013년 8월 노르웨이, 스위스, 네덜란드 판매 시작
	일본	2014년 3월 판매 시작
	중국	2014년 4월 판매 시작
모델X	미국	2015년 1분기 판매 예정
모델3	미국	2016~2017년 예상

은 날 푸둥 매장 옆에 전기충전소도 문을 열었다. 중국은 심각한 대기오염 문제에 직면했다. 이 때문에 정부는 전기차 보급 확대에 적극적이다. 테슬라가 미국에서만큼 슈퍼차저 네트워크를 중국에 확산한다면 정부 지원을 받으며 시장을 확대할 공산이 크다.

테슬라는 2014년 3월 일본 판매도 시작했다. 한국 시장 공략은 시간문제다. 2013년 11월 한국에서 기업설명회를 연 테슬라는 한국 시장 진출에 관심을 표명했다. 구체적인 일정은 제시하지 않았지만 중국 시장에서 성과를 낸 후 한국에 진출할 가능성이 높다.

기존 자동차 산업을 위협하다

"테슬라는 현재 자동차 산업 구도를 완전히 바꿔놓을 수 있다." 댄 에커슨 전 GM CEO의 말이다.[11]

테슬라는 이제 더 이상 틈새시장을 노린 전기차 회사가 아니다. 테슬라는 104년 전통의 미국 자동차 시장에 큰 파장을 일으켰다.

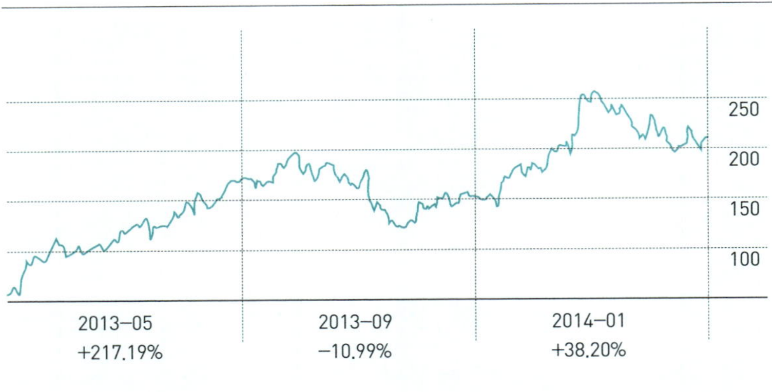

자료: CNN머니

테슬라의 성장 가능성은 그대로 주가에 반영됐다. 2013년 한 해 동안 테슬라 주가는 600%가 넘게 상승했다. 거품 논란이 일었지만 테슬라의 질주를 막지 못했다.

2013년 3월 50달러 수준이던 테슬라 주가는 616% 상승했다. 2014년 3월 4일 260달러까지 치솟았다. 2010년 7월 기업공개 후 15배 급증한 수치다. 테슬라 시가총액은 240억 달러(2014년 5월 2일 기준)로 전통적인 자동차 제조사 GM 550억 달러의 50%를 넘는다.

2003년 설립한 테슬라는 10여 년간 적자를 지속하다 2013년 처음으로 흑자 전환에 성공했다. 2013년 1분기 테슬라는 순익 1100만 달러, 매출 5억 62000만 달러를 기록했다. 2013년 전체로 보면 총 6130만 달러의 영업이익에 7400만 달러의 순이익을 냈다. 경쟁 전기차 기업이 시장에 제대로 안착하지 못하고 뒤처졌지만 테슬라의 매

출은 2012년 4억 1300만 달러에서 2013년 20억 1300만 달러로 5배
가까이 성장했다.

기존 자동차 업계가 고전을 면치 못한 반면 테슬라는 질주했다.
테슬라는 2013년 미국 시장을 중심으로 2만 2477대의 전기차를 팔

<컨슈머리포트> 2014년 자동차 브랜드 인지도 조사

제조사	점수	변화
도요타	145	+4
포드	120	+3
혼다	109	−16
쉐보레	105	+13
테슬라	88	+41
스바루	87	+40
벤츠	83	+8
볼보	80	+8
캐딜락	78	+15
BMW	73	+12
뷰익(Buick)	59	+20
GMC	56	+12
아우디	54	+9
닛산	54	+12
스마트	53	+19
닷지	53	−2
렉서스	52	+5
폭스바겐	50	+15
현대자동차	41	−8

았다. 2013년 글로벌 자동차 판매량 8427만 대의 0.027% 수준이다. 하지만 2014년 테슬라는 3만 5000대, 6년 뒤 2020년에는 50만 대 판매를 예상한다.

국내 대표 자동차 기업인 현대·기아차에도 테슬라는 큰 도전이다. 미국 〈컨슈머리포트〉가 내놓은 '2014년 자동차 브랜드 인지도 조사'에서 현대자동차는 41점으로 전체 30여 개 브랜드 중 19위에 머물렀다.[12] 테슬라는 88점으로 5위에 올랐다. 10년밖에 안 된 전기차 회사가 현대자동차는 물론이고 벤츠, BMW, 아우디, 닛산 등을 제쳤다.

조사는 자동차 품질과 안전성, 가치, 디자인, 기술과 혁신성, 성능, 연료 효율 등 7가지 항목에 대한 소비자 평가다. 테슬라는 2013년 55점으로 10위였는데 2014년 5위까지 상승했다.

테슬라는 무엇보다 기술과 혁신성 분야에서 가장 높은 점수를 받았다. 최근 자동차를 구입하는 소비자에게 기술과 혁신성은 큰 영향을 끼친다. 자동차 제조사들은 최첨단 안전기술을 비롯해 인포테인먼트로 기술력과 혁신성을 강조한다.

자동차 시장의 아이폰 효과

테슬라 모델S는 2007년 휴대폰 시장을 뒤흔든 애플 아이폰을 연상하게 한다. 모델S 판매 증가는 다른 자동차 제조사에 전기차 등 친환경 차량 개발을 부추기는 효과를 가져왔다.

애플이 아이폰으로 스마트폰의 혁신을 주도한 지 3년이 지난 2010년 6월 삼성전자가 갤럭시S를 출시했다. 철저하게 아이폰을 벤치마킹한 '빠른 추격자' 전략이었다. 이후 삼성전자는 2011년 갤럭시S2를 내놨고 빠르게 애플을 추격했다. 물론 삼성전자의 자체적인 휴대폰 제조 능력이 뒷받침됐지만 안드로이드 생태계를 구축한 구글의 뒷받침도 큰 영향을 끼쳤다.

테슬라 모델S는 자동차 시장에 아이폰 효과를 가져올 전망이다. 테슬라는 미국은 물론 각국 정부에서 보조금을 받으며 성장 중이다. BMW가 보급형 전기차 i3를 내놓으며 추격을 시작했다. BMW는 2016년 테슬라 모델S에 견줄 만한 제품을 내놓을 것으로 보인다. 기존 자동차 기업이 본격적으로 전기차 시장에서 각축을 벌이는 시점은 2016년이 될 전망이다.

테슬라는 스마트폰 시장의 애플처럼 전기차 시장의 클래식 아이콘으로 자리매김할 가능성이 크다. 아이폰처럼 테슬라는 명품과 혁신의 대명사로 남을 수 있다.

자동차 넘어 IT에도 큰 위협

이미 모델S는 가장 앞선 컴퓨터 시스템을 단 스마트 차량이다. 테슬라는 이제 자동차 회사가 아닌 IT 기업과 경쟁을 시작한다. 테슬라는 이미 스마트카 플랫폼을 가졌다.

가장 큰 경쟁자는 구글이 될지 모른다. 엘론 머스크는 2014년 2월 〈블룸버그〉와 인터뷰[13]에서 "테슬라가 가장 먼저 자율주행 자동차를 시장에 내놓을 것"이라고 말했다. 구글은 비밀 연구조직 X에서 오랜 시간 자율주행 자동차 개발에 매달렸다.

테슬라는 항공기에 상용되는 자동항법autopilot 기술로 자율주행 자동차 시장을 노린다. 구글 자율주행 자동차처럼 완전히 운전자가 없는 형태보다는 일정 구간에서만 자동차 스스로 운행하는 형태다. 머스크는 "이 같은 기술은 10년 내 대량생산으로 이어질 수 있다"고 설명했다.

최근 IT 기업은 스마트카를 미래 먹거리로 보고 있다. 구글은 물

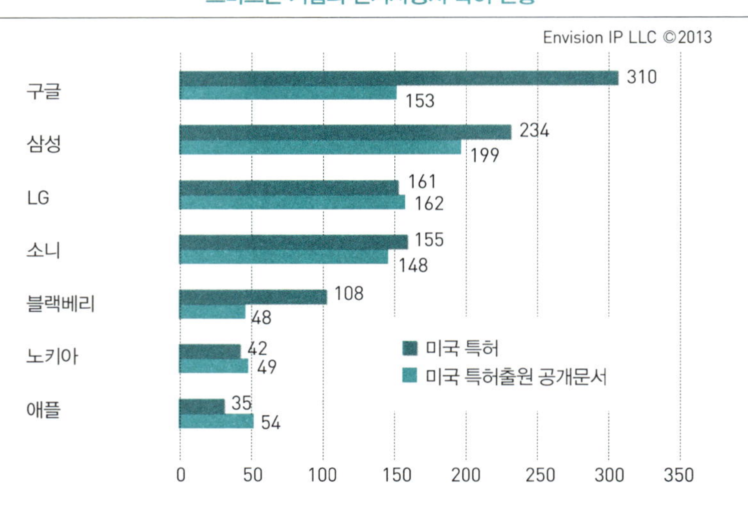

자료: 엔비전 IP

론 삼성전자, LG전자, 소니, 애플 등이 자동차 관련 특허 획득에 혈
안이다. 미국 특허청에 등록된 IT 기업의 자동차 관련 특허 현황에
따르면 구글은 310건에 달하는 특허를 출원했다.[14] 삼성전자 234건,
LG전자 161건, 소니 155건, 블랙베리 108건, 노키아 42건, 애플 35건
에 달한다. 대부분 특허는 스마트카와 하이브리드 전기자동차 분야
에 집중됐다.

테슬라는 한국이 주도하는 2차전지 시장에서 충격을 던진다. 모
델S는 노트북에 들어가는 소형 원통형 2차전지를 쓴다. 모델S 한
대에 들어가는 전지는 노트북 1000대에 들어가는 분량이다. 한국
은 노트북용 2차전지 생산 1위다. 현재 파나소닉과 계약을 맺고 있
는 테슬라는 앞으로 자체 공장 '기가팩토리'를 짓는다. 테슬라의 주
주는 다임러(4%), 도요타(2.4%), 파나소닉(1.2%) 등이다. 이들이 기가
팩토리에 참여할 가능성이 높은데 삼성SDI와 LG화학 등이 소외될
우려가 크다. 결국 기가팩토리는 규모의 경제를 내세워 삼성SDI와
LG화학을 위협하는 2차 배터리 기업이 될 공산이 크다.

로드스터부터 모델X까지

전기 스포츠카, 로드스터

테슬라의 첫 전기차는 '로드스터Roadster'다. 테슬라는 11년이란 짧은 설립 역사에도 이미 두 대의 전기차를 출시했다. 처녀작이 바로 테슬라 로드스터다. 영국 로터스 엘리제를 기반으로 만든 후륜구동 스포츠카다. 초기 테슬라는 신생 전기차 회사가 모든 것을 개발하는 건 무리라고 판단했다. 경량 스포츠카 회사인 로터스와 협력해 전기 스포츠카를 개발했다.

테슬라는 노트북 배터리 사이즈의 리튬이온 전지 6800개를 로드스터에 장착했다. 최고 시속 320km를 낸다. 시속 100km를 돌파하는 데 4초면 충분하다. 가격은 10만 9000달러(약 1억 1167만 원). 한 번

충전에 약 400km를 달리는 세계 최초 전기 스포츠카였다. 미국에서만 1200대가량이 판매됐다.

로드스터 성능은 288마력의 모터를 바탕으로 정지 상태에서 97km에 이르는 데 3.7초밖에 걸리지 않는다. 대표적인 스포츠카인 페라리나 포르쉐와 같은 수준이다.

로드스터는 테슬라의 전기차 전략을 그대로 보여준 제품이다. 경쟁 전기차 기업들이 충전의 어려움과 느린 최대 속도 문제를 해결하지 못해 보급형 차량 개발에 집중했다. 하지만 테슬라는 단점을 보완하는 대신 장점 극대화를 택했다. 급가속이 가능한 전기차의 강점을 살려 고가 슈퍼카로 만들었다. 로드스터는 페라리 등 스포츠카를 경쟁자로 삼았다. 기존 전기차 기업과 완전히 다른 접근이었다. 현재 로드스터 판매는 중단했다.

고급 전기차 세단, 모델S

2012년 테슬라는 모델S를 공개했다. 지금의 테슬라를 만든 히트작이라고 해도 과언이 아니다. 모델S는 메르세데스벤츠, BMW, 아우디 등 주요 프리미엄 세단과 경쟁한다. 모델S 최고 출력은 416ps/5000~6700rpm, 최대 토크 61.2kg·m/5100rpm이다. 주행거리는 최대 500km에 달한다. 우수한 성능에 수려한 디자인을 자랑한다.

모델S는 배터리 용량에 따라 85kWh와 60kWh 등 두 가지 모델로 나뉜다. 가솔린차 배기량과 같은 개념이다. 85kWh 모델은 한 번 충전에 최대 492km를, 60kW 모델은 360km를 달린다.

2013년 미국 소비자 전문 평가지 〈컨슈머리포트〉는 테슬라 모델S에 99점을 줬다. 2007년 출시된 렉서스 LS460이 기록했던 점수로, 사실상 만점에 가깝다. 〈컨슈머리포트〉는 "스포츠카에 버금가는 성능과 포르쉐에 필적할 핸들링"이라며 모델S를 극찬했다. 또 "시판되는 전기차 중 가장 실용적"이라며 "승차감과 소음 수준이 고급 차량과 비슷하지만 연비는 최고의 하이브리드 자동차 가운데 으뜸"이라고 분석했다. 〈컨슈머리포트〉는 2014년 3월 다시 한 번 모델S를 최고의 자동차로 꼽았다.[15] 모델S는 까다롭기로 유명한 〈컨슈머리포트〉에서 2년 연속 가장 높은 위치에 올랐다. 2014년 〈컨슈머리포트〉는 "모델S는 자동차와 컴퓨터의 완벽한 조화가 압권"이라고

설명했다.

모델S는 자동차의 핵심인 안전성까지 입증했다. 모델S는 2013년 8월 미 교통안전국_{National Highway Traffic Safety Administration}[16]이 실시한 충돌 테스트에서 최고 등급인 별 5개를 받았다. 정면과 측면 충돌, 전복 실험 등에서 모두 고른 점수를 얻었다. 2013년 교통안전국이 실시한 정면 충돌 시험에서 코다자동차 세단형 전기차는 별 2개에 그쳤고 GM 전기차 볼트는 실험 도중 배터리에 불이 붙으며 화재가 발생했다. 다른 경쟁 차와 비교할 수 없는 좋은 성적이다.

모델S가 나오며 테슬라는 슈퍼차저 네트워크 확대에 박차를 가했다. 모델S는 경제적인 유지비용과 차별화된 서비스로 고객을 끌어 모았다. 모델S는 엔진오일 교환도, 배출가스 점검도 필요 없는 차다. 매년 한 차례 정기 점검만 받으면 된다. 다른 경쟁 세단보다 유지비용이 눈에 띄게 저렴하다.

물론 모델S가 찬사만 받은 것은 아니다. 모델S는 〈컨슈머리포트〉와 교통안전국 충돌 테스트에 힘입어 판매량을 꾸준히 늘렸다. 하지만 2013년 연이은 화재로 안전성이 도마에 올랐다. 도로에 떨어진 이물질이 차량 바닥에 부딪힐 때 배터리에 손상을 주며 화재가 발생했다. 고속도로 등에서 이물질과 접촉한 모델S 배터리는 손상을 입고 화재로 이어졌다. 급기야 미국 고속도로안전관리국NHTS이 화재 사고를 조사하고 리콜 명령을 내렸다.

테슬라는 모델S의 에어서스펜션 기능을 강화해 도로 주행 시 이물질과 예기치 못한 접촉을 방지하기 위한 소프트웨어 업그레이드를 했다. 엘론 머스크는 "4월부터 생산되는 모델S뿐만 아니라 기존 차량에도 새로운 언더보디 커버를 쓸 것"이라고 말했다.

테슬라는 티타늄 소재 판으로 배터리팩을 감싸는 보완 작업에 나섰다. 알루미늄 바를 배터리팩 전면에 붙여 도로 위 이물질을 트렁크 쪽으로 밀어낸다. 배터리팩과 직접 부딪치지 않게 해 화재를 막는다. 여기에 알루미늄판을 더해 차량 하부와 도로 지면의 간격을 넓힌다.[17]

4륜구동 스포츠유틸리티차량, 모델X

2012년 2월 9일 테슬라는 모델S 흥행을 이을 세 번째 전기차 '모

델X' 디자인을 공개했다.

1년이 흐른 2013년 테슬라는 홈페이지에서 4륜구동 스포츠유틸리티차량_SUV 모델X 예약판매를 시작했다. 모델X가 모델S 흥행 바통을 이어받을지 귀추가 주목된다. 모델X는 미니밴과 전기자동차의 강점을 결합했다. 모델X는 기존 가솔린 SUV보다 무게중심이 더 아래로 설계됐다. 모델X는 60mph까지 가속하는 데 5초밖에 걸리지 않는다. 테슬라는 모델X가 가장 빠른 SUV가 될 것으로 전망했다. 다른 크로스오버 차량과 가장 차별화되는 점이다.

모델X가 눈길을 끄는 또 다른 포인트는 바로 팔콘윙_Falcon Wings 이다. 마치 공상과학_SF 영화에 등장하는 자동차처럼 하늘 위로 문이 열린다. 팔콘윙은 좁은 주차 공간에서도 쉽게 자동차 안으로 들어갈 수 있게 돕는다. 테슬라는 고객의 심리를 간파한다. 미래지향적인 디자인으로 고객을 유혹한 후 넓은 수납공간으로 실용성까지 제시한다.

모델X는 패밀리카를 지향한다. 두 번째 열 시트를 앞으로 밀면 세 번째 열 좌석에 쉽게 들어갈 수 있다. 심지어 어린이용 시트가 기본 장착된다. 모델S보다 더 실용적인 고객에게 호소한다.

모델S에 이어 모델X는 캘리포니아를 주름잡는 이른바 잘나가는 구글러와 애플, 페이스북 등에서 일하는 젊은 직원 그리고 환경과 미래를 생각하는 오피니언 리더들에게 호소한다.

모델S가 비싸다면 모델3를 기다려라

테슬라는 2015년 4만 달러(약 4098만 원)짜리 전기차 '모델3'(가칭)를 선보일 예정이다.[18] 7만 달러(약 7171만 원)가 넘는 스포츠 세단 '모델S'로 고급 전기차 이미지를 쌓은 후 보급형 시장에 뛰어드는 셈이다. 가격은 4만 달러 수준이다. GM과 닛산 등 보급형 전기차를 내놓은 기존 자동차 기업과 정면 승부다.

테슬라는 2015년 디트로이트에서 열릴 북미 국제 오토쇼에 모델3를 선보일 전망이다. 판매는 2016년이나 2017년이 유력하다.

모델3는 아우디 A4와 BMW 3시리즈, 벤츠 C클라스 자동차와 경쟁하는 차종이다. 모델3는 모델S보다 20% 작아질 것으로 전망된다.

모델3는 테슬라의 대량생산 능력을 가늠할 시금석이다. 캘리포니아 프리몬트 공장은 분기당 5000대 모델S를 생산한다. 모델X도 모델S와 같은 공장에서 비슷한 규모로 생산될 전망이다. 모델3는 이런 속도로 만들어서는 경쟁력을 가질 수 없다. 테슬라는 더 작은 사이즈 배터리에 많은 용량을 담고 저렴하게 공급할 길을 찾아야 한다. 엘론 머스크 CEO는 "고급 차종으로 시작했지만 가능한 한 빨리 보급형 시장에서도 성공 스토리를 만들고 싶다"고 말했다. 테슬라는 모델3에 이어 픽업트럭 출시도 계획 중이다.

본래 모델3의 이름은 '모델E'가 유력했다. 엘론 머스크는 모델S, 모델X, 모델E로 이어지는 이른바 'SEX' 라인을 만들고 싶어 했다. 하지만 모델E란 이름은 포드가 선점해 결국 모델3로 정해졌다.

모델S 진화는 계속된다

2014년 10월 10일, 테슬라는 또 한 번의 혁신에 도전했다. 2012년 선보인 모델S에 전기모터 한 개를 더 추가한 모델을 공개했다. 이른바 듀얼 모터 전기차 시대의 개막이다. 기존 모델S는 한 개 전기 모터가 뒷바퀴를 돌리는 구조다. 새로 공개한 개선된 모델S는 전기모터 두 개가 앞바퀴와 뒷바퀴를 모두 돌린다. 내연기관차의 사륜구동이 전기차에 구현된 셈이다.

이 차는 배터리 용량에 따라 60D(60kwh), 85D(85kwh)와 높은 가속력을 자랑하는 최상위 모델 P85D로 출시된다. 특히 P85D는 정지 상태에서 100km/h까지 걸리는 시간(제로백)이 3.2초다. 맥라렌F1의 제로백과 같다. 슈퍼카에 견줄 만한 가속력을 달성했다. 최고 속도도 249km/h로 기존 209km/h보다 빨라졌다. 전기차의 장점을 최대화한 셈이다. 테슬라는 북미에서 2014년 말부터 P85D를 배송하며 85D와 60D는 2015년 2월부터 판매한다.

이번 공개에서 또 다른 포인트는 바로 오토파일럿Autopilot 기능이다. 물론 현재 시판되는 고급 차량도 크루즈 컨트롤이 된다. 충돌 위험을 예측해 정차하거나 도로 주행선에 맞춰 달리고 자동 주차도 된다.

사륜구동 모델S는 레이더와 보행자를 인식하는 카메라, 360도 영역을 탐지하는 울트라 소닉 음파 탐지기로 오토파일럿 기능을 구현했다. 아직 완벽한 자동운전은 아니지만 위험이 발생하면 인지해 휠에서 알려주는 식으로 운전자에게 경고한다. 방향지시등을 켜면 알아서 차선을 바꾼다.

테슬라는 완전한 자율주행 자동차에 근접하려면 수년이 더 걸릴 것으로 예상했다. 실제 자율주행 자동차가 현실화하려면 더 많은 기술의 진보가 필요하다는 조심스러운 입장이다. 하지만 명확한 것은 테슬라는 모델S 성능과 기능을 향상시키며 지속적으로 진보하는 전기차를 만든다는 점이다.

자동차 시장의 파괴자

AA 사이즈 원통형 배터리로 전기차를 만들다

테슬라가 전기차 배터리 개발을 시작했던 8년 전 범용 리튬 전지를 사용하는 자동차 제조사는 거의 없었다. 대부분 자동차 회사는 단일 용도로 쓰이는 큰 셀 배터리를 사용했다. 더 많은 에너지를 저장할 수 있기 때문이다. 하지만 테슬라는 에너지 밀도가 높고 경량화가 가능한 범용 리튬 전지에 주목했다. 테슬라 역사에 가장 큰 도박이었다.

테슬라는 글로벌 전기차 기업 중 유일하게 원통형 전지를 채택했다. 원통형은 전기차 배터리 중 유일한 범용 전지다. 노트북에 들어가는 표준화된 18650셀을 연결해 그대로 전기차에 사용했다. 전기

모델S 바닥에 설치된 원통형 배터리

차용이지만 기존 전지와 같은 생산설비에서 만들었다. 생산 시간과 원가, 불량률을 낮추고 배터리 생산설비 구축에 들어가는 대규모 투자도 줄였다. 이게 테슬라의 배터리 혁신이다.

원통형 배터리는 고용량이며 원가는 싸다. 대신 테슬라는 수천 개가 넘는 각각의 셀을 연결할 구동회로 기술을 개발해야 했다. 테슬라는 각 배터리 셀의 열을 빠르게 식히는 냉각 시스템을 개발했다. 1개 배터리에서 난 열이 다른 배터리로 옮겨가지 못하게 하는 기술이다. 테슬라는 작은 원통형 배터리 기술 채택으로 더욱 유연하게 배터리팩을 다룰 수 있었다.

2010년 테슬라는 일본 파나소닉과 손잡았다. 테슬라와 2차전지 제조사인 일본 파나소닉은 니켈을 기반으로 한 전기차용 리튬이온 배터리를 함께 개발한다고 발표했다.[19] 같은 해 파나소닉은 테슬라에 3000만 달러를 투자해 전기차 산업 성장을 함께 견인했다. 두 회사는 함께 전기차에 최적화한 배터리 연구개발도 진행했다.

테슬라와 파나소닉의 끈끈한 관계는 지속될 전망이다. 2013년 두 회사는 공급계약을 연장했다. 파나소닉 배터리는 모델S는 물론 모델X에도 들어간다. 파나소닉은 테슬라의 기가팩토리 설립에 10억 달러 투자를 고려 중이다.[20]

테슬라 전기차 판매 확대로 동반성장 기회를 잡은 파나소닉은 다양한 옵션을 생각하고 있는 것으로 알려졌다. 그동안 두 회사의 긴밀한 관계를 바탕으로 기가팩토리에 파나소닉이 일정 부분 관여할 것으로 보인다.

기존 자동차 제조 과정을 버리다

전기차 스타트업이 테슬라만 있었던 것은 아니다. 테슬라는 한때 피스커 오토모티브Fisker Automotive와 경쟁했다. 두 회사의 현재는 완전히 다르다. 테슬라는 자동차 시장의 샛별이 됐고 피스커는 파산의 길을 걸었다.

두 회사는 모두 전기차를 만들었지만 접근법이 완전히 달랐다. 테슬라는 전기차의 단점을 극복하는 대신 장점을 극대화하는 데 집중했다. 테슬라는 자체적으로 핵심 기술을 확보했다. 배터리는 물론 전기 모터와 중앙 컨트롤 시스템 등의 개발에 집중했다.

이와 달리 피스커는 자동차 자체에 주목했다. 주요 부품은 제3의 협력사에서 개발했다. 피스커는 전기차 디자인에 신경 썼다. 피스커는 멋진 디자인을 가진 전기차가 나오면 사람들이 살 것으로 전망했

테슬라 자동차 생산라인

다. 테슬라 역시 디자인에 신경 썼지만 기술력을 확보하는 데 더 큰 노력을 기울였다.

테슬라는 자체 기술 개발로 비용을 절감하는 것은 물론 전기차 성능을 획기적으로 개선했다. 테슬라 배터리 기술은 더욱 합리적인 가격에 전기차를 만들 수 있는 장을 열었다. 테슬라의 범용 배터리 기술을 자체 자동차에 쓰는 것은 물론 다른 자동차 회사에 판매하는 길이 열렸다.

전기자동차 부품 시장까지 연 셈이다. 테슬라는 처녀작인 로드스터와 최신의 모델S가 본격 생산에 들어갈 때까지 전기차용 배터리를 공급하며 회사를 운영했다.

이와 달리 피스커는 닛산과 GM 등 기존 자동차 제조사와 같은 접근법을 따랐다. 피스커가 택한 배터리는 너무 비싸고 안전성도 담보되지 않았다. 피스커의 카르마KARMA는 배터리와 가솔린 엔진이 함께 쓰인 자동차다. 2개 시스템이 다 들어가다 보니 모델S보다 공간은 좁고 무게는 더 나갔다. 카르마는 4인승이었지만 4명의 성인이 앉기에 좁을 지경이었다.

기존 자동차 판매 시스템을 버리다

미국 자동차 산업은 100여 년이 넘게 중간 딜러를 이용해 제품을 팔았다. 테슬라는 100년 전통을 깨고 직영 판매점을 열었다. 이미 널리 퍼진 기존 중간 딜러 판매망은 테슬러 입장에서 비용을 줄이고 더 많은 곳에 자동차를 팔 수 있는 기반이다.

2007년 테슬라가 모델S란 히트작을 내놓기 전부터 엘론 머스크는 자체 매장을 열었다. 머스크는 완전히 새로운 경험을 할 수 있는 자동차 구매를 꿈꿨다. 차량 판매에 목을 맨 세일즈맨이 아닌 전기차 전문가가 설명하는 매장을 만들었다.

2012년 10월 22일 엘론 머스크 CEO는 테슬러 블로그에 왜 테슬라가 자체적으로 판매망을 구축하고 서비스를 하는지 설명했다.[21] 머스크는 "기존 유통점은 가솔린 차량을 중심으로 만들어졌고 그들의 중심 판매망"이라며 "여기서 전기차를 팔려면 기존에 팔던 가솔린차의 단점을 말하고 비교를 해야 한다"고 설명했다.

가솔린차를 파는 곳에서 전기차가 공존할 수 없는 이유다. 중간 딜러는 현재 많이 팔리는 가솔린차를 버리고 전기차를 열심히 팔 이유가 없다.

테슬라는 신생 자동차 회사다. 왜 전기차가 좋은지 일일이 설명할 수밖에 없다. 직영 매장은 가장 편리하면서 자유롭게 전기차의 장점을 설명할 수 있는 자리다. 테슬라는 고객이 언제 어디서나 쉽게 매장에 들어올 수 있는 데 집중했다. 대형 몰이나 쇼핑거리에 매장을 열어 전기차라는 새로운 분야에 대한 거리감을 좁혔다. 생활 가까이에 전기차가 있음을 상기시켰다.

테슬라 매장에 들어서면 마치 전자제품 회사 애플 매장에 간 느낌이 강하다. 직접 체험하고 설명을 듣고 맘에 들면 구매하는 구조다.

쇼핑몰에 위치한 테슬라 매장

매장 어느 곳에도 '손대지 마시오_{Do Not Touch}'란 표시는 없다. 정반대다. 만져보고 느끼며 경험하는 곳이다.

테슬라는 매장에 '테슬라 프로덕트 스페셜리스트_{Tesla Product Specialists}'를 뒀다. 그들은 고객에게 차량 구입을 강요하지 않는다. 그저 전기차에 대한 모든 궁금증을 해결해주는 역할이다. 고객이 전기차를 즐겁게 경험하고 향후 다시 찾아와 구매하도록 만드는 역할이다. 애플 매장에 제품 전문가인 '지니어스'가 있듯 테슬라 매장에는 스페셜리스트가 있는 셈이다.

현재 테슬라 매장에 가는 사람은 실제 구매자보다는 구경꾼이 대부분이다. 테슬라 직원들은 이런 고객을 귀찮아하지 않는다. 언젠가 테슬라 고객이 될 수 있는 잠재력이다. 기존 자동차와 다른 구조를 가진 전기차를 더욱 알기 쉽게 설명한다. 테슬라는 전기차에 대한 편견을 없애고 장점을 부각시키는 데 집중해 매장을 꾸몄다. 이제 10년 된 자동차 회사는 그들의 안전성을 모든 걸 공개해 보여줬다.

테슬라 매장은 소위 말하는 인증샷 지역이다. 초기 애플 매장이 그랬던 것처럼 얼리어답터는 물론이고 일반인까지 그곳에 다녀오는 일이 자랑이 된다. 자동차를 단순히 교통수단을 넘어 자기표현 상품으로 승화시켰다.[22] 고객은 매장에서 다양한 색깔의 내외장재를 직접 만져보며 선택한다.

물론 테슬라의 이 같은 파격적인 행보로 중간 딜러의 설 자리가 사라지며 강한 반발에 직면했다. 뉴욕 주 자동차 딜러협회가 신제품 차량 직접 판매를 금지한 자동차 딜러 관련법 조항을 들어 테슬라 직판점 폐쇄를 요구했다. 테슬라 모델S가 〈컨슈머리포트〉 선정 미국 최고의 차에 선정되고 판매망이 늘어나며 중간 딜러를 위협한 탓이다.

테슬라는 뉴욕 자동차 딜러협회 측과 절충안에 서명했다.[23] 뉴욕에 있는 5개 매장을 그대로 유지하면서 향후 딜러 판매 방식을 채택한다는 것이 골자다. 직영 매장으로 미국 100년 자동차 판매 시장에 바람을 몰고 온 테슬라는 이제 기존 제도권 안에 어떻게 성공적으로 안착할 것인가를 고민하는 시점이다.

테슬라 모델S는 8년간 12만 5000마일이 무상보증 기간이다. 심지어 85kWh 모델은 주행거리에 상관없다. 배터리 기술력에 대한 자신감이다. 기존 자동차 회사는 3~5년의 무상수리 기간을 둔다. 시간이 지나면서 수리와 유지비용이 많이 드는 자동차와 확실히 차별화된다. 테슬라는 또 모델S 구입 후 3년이 지나면 50% 가격에 재판매를 보증한다. 자동차 제조사가 차를 다시 사준다.

전기차 특허 모두 공개

2014년 6월 12일 엘론 머스크는 '모든 특허가 당신에게 있다All our patent are belong to you'[24]라는 글을 올렸다. 테슬라 전기차 특허를 모두 무료로 공개하는 파격적인 행보다. 그는 팔로알토 본사 로비에 걸려 있던 테슬라 특허의 벽을 없앴다. 소스코드를 공개하는 공개 소프트웨어처럼 전기차 기술을 공개했다.

머스크는 "테슬라 전기차 기술을 쓰는 어떤 기업이나 사람에게 특허 소송을 하지 않겠다"고 천명했다. 그는 과거 집투_{Zip2}를 창업했을 때를 회상했다. 그는 당시 특허가 좋은 것이며 갖기 위해 열심히 일했다고 밝혔다. 하지만 집투에서 나왔을 때 특허가 소송으로 가는 복권이라는 걸 깨달았다.

그가 파격적으로 특허를 공개한 건 전기차 시장 확대를 위해서다. 전기차는 전체 자동차 시장 중 1%밖에 안 된다. 1% 시장에서 아무리 노력해도 기존 자동차 회사가 점유하고 있는 99% 시장으로 가기가 어렵다. 머스크는 현재 1%밖에 안 되는 시장을 키워 거기서 선두를 달리겠다는 의지를 드러냈다.

머스크는 "기술 리더십은 특허에 좌우되지 않는다"며 "유능하고 뛰어난 기술자에게 영감을 부여하고 이끌어가는 것이 선도를 유지하는 길"이라고 말했다.

테슬라의 전기차 특허 공개는 도박이다. 잘되면 테슬라는 자체 전기차를 팔 수 있는 시장을 넓히며 동시에 부품 공급사가 된다. 완성차 업체이면서 동시에 부품사가 되는 형태다.

전기차의 핵심은 배터리 기술이다. 테슬라가 개발한 전기차 기술을 이용하면서 다른 기업 배터리를 쓰기는 어렵다. 테슬라는 대규모 2차전지 공장 기가팩토리 계획을 통해 또 다른 매출과 이익을 낼 수 있다.

물론 위험도 높다. 현재는 테슬라가 전기차 기술에서 앞서 가지만 특허를 쓴 경쟁자가 오히려 더 앞서 갈 가능성을 배제할 수 없다. 기존 자동차 회사는 대량생산 공장을 보유하고 탄탄한 영업 판매망을 갖췄기 때문이다.

애플은 스마트폰 시장에서 혁신의 아이콘으로 불리며 시장을 선도했지만 삼성전자에 왕좌를 내줬다. 삼성전자는 철저하게 아이폰을 분석해 빠른 속도로 시장을 잠식했다. 애플이 특허를 공개하지도 않았는데 삼성전자는 수직계열화된 제조업 역량을 모아 스마트폰을 대량생산했다. 과거 피처폰 시절 만든 세계 이동통신 사업자 판매망을 기반으로 갤럭시 스마트폰 보급을 늘렸다. 이처럼 테슬라가 포드나 도요타, GM, BMW 등 기존 자동차 제조사 공세에 밀려 전기차 시장 틈새 플레이어가 될 가능성도 배제할 수 없다.

제조업의 혁신

테슬라는 프레몬트 공장을 모델S 구매자에 제한해 둘러볼 수 있게 했다. 프레몬트 공장에는 모델S 구매자와 가족, 친구들이 함께 공장 투어를 하는 모습을 볼 수 있다. 공장 내부 촬영이 금지되어 있을 뿐만 아니라 공장 일부만 볼 수 있다.

테슬라 공장은 여기가 자동차 제조 공장인지 가전제품 생산 공장인지 구분이 되지 않을 정도로 깔끔하게 정돈됐다. 공장 입구부터 내외부는 온통 하얀색 인테리어다. 모델S의 상징 색인 빨간색 전기차가 다음 조립을 위해 기다리고 있으며 생산직 직원들도 빨간색 옷을 입고 있다.

모델S 생산에 고도의 정밀도나 신속한 작업이 필요한 공정에는 독일의 쿠카KUKA 로봇이 기계음을 내면서 작업한다. 모델S는 세단형 자동차치고는 천장이 낮아 조립에 난이도가 있는 편인데 로봇이 까다로운 공정을 대신한다. 예상보다 소음이 적은 편이다. 쿠카 로봇도 빨간색으로 도색됐다. 테슬라 공장은 하얀색 인테리어에 빨간색 로봇과 사람이 쉴 새 없이 움직이고 있기 때문에 마치 미래 공상과학 영화를 보는 듯한 느낌이다.

테슬라 프레몬트 공장의 직원은 "프레몬트 공장에는 160개의 쿠카 로봇과 1500명의 사람이 모델S 한 대를 4일 만에 만들어낸다. 로봇과 사람이 한 대당 일하는 비중은 50:50 정도 된다"며 "모델S에 페인팅을 하는 데만 이틀 정도 걸리고 나머지 공정에 이틀이 걸린다"고 설명했다. 이 직원은 "로봇을 추가로 들여오기 위해 공정을 잠시 멈출 계획이다. 그래도 생산에는 전혀 지장이 없다"고 귀띔했다.

실제 테슬라는 지난 7월 첫 스포츠유틸리티 전기차 '모델X' 생산을 위해 설비를 들여놓으려 공장을 닫고 1억 달러를 투자, 25대의 쿠카 로봇을 추가로 설치하고 공장 설비라인을 개선한다고 발표했다. 2014년 말까지 3만 5000대의 생산 규모Capa를 2015년에는 10만 대 수준으로 끌어올릴 계획이다.

테슬라 모델S가 '미래 제조업의 오늘'이라 불리는 이유는 이처럼 자동화 공정과 수작업, 기계와 사람이 해야 할 일을 최적한 덕이다. 기계 작업이 너무 많으면 작업의 유연성이 떨어지고 응용 작업을 수

행하기 어렵다. 반면 수작업이 많으면 균질하지 않은 자동차가 나오고 인건비 비중도 높아진다.

실제 테슬라 제조 담당 부사장 길버트 패신Gilbert Passin은 언론 인터뷰에서 "모든 공정을 기계화해야 한다고 생각하지 않는다. 그보다 기계와 사람이 하는 작업의 경계선을 어디로 하느냐가 중요하다"고 밝혔다.

테슬라는 모델S 제조의 핵심과 비핵심 역량을 구분하는 데도 탁월했다. 실제 배터리와 소재 등은 외부(파나소닉)에서 조달했지만 이것을 모듈화하고 소프트웨어로 조작하는 공정은 모두 테슬라 내부에서 진행했다. 알루미늄 원재료를 가공하는 단계에서부터 플라스틱 범퍼 성형 등도 모두 이 공장에서 진행한다. 차체 제작도 외주를 주지 않고 90% 이상 테슬라 프레몬트 공장에서 제조한다.

테슬라 직원들은 바닥에 그려진 자기 테이프가 공정을 자동으로 유도하는 '스마트 컷Smart Cut'이라 불리는 시스템에 올려놓고 조립한다. 자동차 공장에 흔히 볼 수 있는 컨베이어벨트 시스템은 테슬라 프레몬트 공장에는 없다.

테슬라 직원들은 매장이나 공장에 방문하는 미래 전기차 소비자에게 한목소리로 "이것이 미래다. 우리는 미래를 만들고 있다"고 말한다. 전기차 혁명을 넘어 완성차 지형도를 바꾸고 있는 테슬라의 당연한 자부심이기도 하다.

엘론 머스크, 그는 누구인가?

멈출 수 없는 창업의 열정

2013년 4월 〈타임〉은 가장 영향력 있는 세계 100대 인물로 엘론 머스크를 뽑았다. 〈포춘〉도 '2013년 올해의 비즈니스 인물'로 그를 선정했다. 머스크는 2013년 두 차례나 최고의 경영인에 꼽혔다.

혁신의 아이콘 스티브 잡스가 세상을 떠난 후 실리콘밸리는 누가 제2의 잡스가 될 것인가에 관심이 쏠렸다. 가장 많이 거론된 사람은 아마존의 제프 베조스다. 그러나 시간이 지날수록 엘론 머스크의 존재감이 커진다. 전기자동차에서 우주까지 머스크의 파격적인 행보가 베조스를 능가하기 때문이다. 엘론 머스크는 '꿈과 도전'의 아이콘으로 자리매김했다. 혁신적인 미래 사업에 과감하게 투자해 시장

엘론 머스크

1971년 6월 28일:	남아프리카공화국 출생
1989~1991년:	캐나다 온타리오 주 킹스턴 소재 퀸스대학 재학. 펜실베이니아대학 편입. 물리학 학사, 와튼 스쿨에서 경제학 석사
1995년:	스탠퍼드대학에서 응용물리학과 재료과학 공부 이틀 만에 그만둠.
1999년:	PC 회사 컴팩에 소프트웨어 회사 '집투' 판매로 3억 700만 달러를 벌어들임. 이 중 2200만 달러로 X.com을 설립. X.com은 페이팔의 전신
2002년:	이베이가 페이팔을 15억 달러에 인수. 머스크가 1억 6500만 달러를 벌어들임. 미국 시민권 획득
2002년:	스페이스X 설립
2004년:	테슬라모터스에 투자
2007년:	스페이스X는 미항공우주국과 국제우주정거장에 화물을 배송하는 16억 달러 규모 계약
2008년:	테슬라모터스 CEO가 됨.
2010년 6월 29일:	테슬라모터스 IPO
2012년 3월:	스페이스X 처음으로 국제우주정거장에 화물 배송 성공
2012년 6월:	테슬라 100% 전기차 모델S 출시
2013년 8월:	진공튜브 열차 '하이퍼루프' 설계도 공개

을 이끄는 인물이 됐다.

지금은 미국 시민인 머스크는 남아프리카공화국 출신이다. 어려서부터 남달랐던 머스크는 12세 때 독학으로 프로그래밍을 배워 '블라스터Blastar'라 불리는 컴퓨터 게임을 만들었고 500달러에 팔았다.

17세가 되던 해 머스크는 캐나다 온타리오에 있는 퀸스대학에 다녔다. 이후 미국 동부 펜실베이니아대학에 편입해 물리학과 경영학을 배웠다. 머스크는 이후 실리콘밸리로 향한다. 스탠퍼드대학 박사과정에 들어갔지만 이틀 만에 때려치운다. 공부보다 뜨거운 창업의 피가 강했다.

1999년 머스크는 소프트웨어 회사 집투를 창업했다 컴팩에 3억 700만 달러에 매각한다. 집투는 인터넷 '도시 가이드'를 개발했다. 머스크는 뉴욕타임스와 시카고트리뷴 같은 기업과 계약을 맺었다.

같은 해 머스크는 집투를 매각하고 받은 2200만 달러로 페이팔의 전신인 X.com을 공동창업한다. X.com은 온라인 및 이메일 결제 서비스 회사였다. 실리콘밸리에 닷컴 버블이 꺼질 시점인 2002년 이베이는 페이팔을 15억 달러에 인수했다. 이때 머스크는 1억 6500만 달러를 벌어들였고 미국 시민권을 획득한다. 현재 페이팔은 전자결제 1위 기업이 됐다.

머스크는 억만장자가 됐지만 창업에 대한 열정은 계속됐다. 2002년 머스크는 로켓 엔지니어 톰 뮬러와 함께 민간 우주개발 회사 스페이스X를 설립했다. 스페이스X는 우주로 가는 로켓을 만드는 회사였다.

영국의 괴짜 사업가이며 머스크처럼 우주개발을 꿈꾸는 리처드 브랜슨 버진그룹 회장은 2013년 4월 〈타임〉지[25]에 "1990년대 신용카드 번호를 남에게 주는 것을 생각할 수 있었느냐"며 "머스크는 페이팔로 이것을 현실화했다"고 말했다. 브랜슨 회장은 "머스크는 솔라시티와 테슬라모터스로 지구에서의 삶을 개선하고 스페이스X로 지구를 떠나 새로운 곳으로 갈 방법도 고민한다"며 "머스크는 꿈꾸는 것을 현실로 만드는 사람"이라고 덧붙였다.

엘론 머스크는 우주개발에만 머무르지 않았다. 테슬라모터스는 2004년 마틴 에버하드와 마크 타페닝이 창업한 회사다. 같은 해 머스크는 테슬라에 시리즈A 투자를 하며 참여한다. 2008년 금융위기가 닥치며 머스크는 테슬라의 CEO이자 제품설계자Product Architect가 됐고 지금에 이른다.

머스크는 태양광에너지 회사 솔라시티의 최대주주다. 솔라시티는 머스크의 사촌 동생 린든 라이브가 CEO다. 머스크는 스페이스X-테슬라모터스-솔라시티로 이어지는 물류와 에너지 삼각편대를 완성했다.

공상과학에 나올 것들을 현실화하다

2012년 원작을 다시 만들어 개봉한 〈토탈 리콜〉에는 호주와 영국을 단 17분 만에 관통하는 초대형 진공 엘리베이터가 나온다. 이런 영화에 나올 법한 일을 현실화하는 게 엘론 머스크다.

2013년 8월, 머스크는 시속 1200km로 달리는 '캡슐형 초고속 열차' 설계도를 일반에 공개했다.[26]

그가 이 같은 열차를 고안한 것은 캘리포니아 고속열차 사업이 승인된 데 실망해서다. 머스크는 더 저렴하고 빠르며 지형에 걸맞은 교통수단을 고민했다. 이렇게 탄생한 것이 미국 LA에서 샌프란시스코를 35분 만에 주파하는 초고속 진공튜브 캡슐열차 '하이퍼루프 Hyperloop'다. 고속열차보다 더 싸고 빠른 새로운 교통 시스템이다.

하이퍼루프는 공기 마찰이 없는 진공튜브와 시속 1200km로 달리는 캡슐형 열차로 구성된다. 열차는 튜브 안쪽을 미끄러지듯 달린다. 하이퍼루프는 한 번에 28명을 실어 2분마다 출발한다. 출근 시간 등 사람이 몰릴 때는 30초마다 출발할 수 있다. 안전을 위해 각 열차는 서로 충돌하지 않게 8km 간격으로 운행된다. 테슬라와 솔라시티를 경영하는 머스크답게 하이퍼루프 역시 친환경 에너지인 태양광을 쓴다.

물론 당장 하이퍼루프가 실현될 가능성은 낮다. 그는 하이퍼루프 설계와 시스템 관련 특허를 내지 않고 일반에 공개했다. 함께 뜻을 모아 프로젝트를 할 사람을 모은다. 기술적 문제에 대해서도 조언을 받는다. 이와 관련해 모은 의견을 수용한다. 하이퍼루프로 사업을

미국 샌프란시스코와 LA를 잇는 하이퍼루프 구상도

하겠다기보다 이 같은 콘셉트를 실현할 사람을 끌어들인다. 불가능을 현실로 만들어온 그의 의지가 그대로 엿보이는 대목이다.

하이퍼루프 건설에는 60억 달러가 들 것으로 추산되는데 편도 요금을 20달러 선으로 예상했다. 캘리포니아 초고속열차 건설비용은 68억 달러로 예상되는데 하이퍼루퍼가 예상대로 상용화된다면 더 저렴하다.

머스크는 "하이퍼루프는 1500km 정도 거리의 교통량이 많은 도시에 적합하다"고 말했다. 언젠가 머스크가 실제로 하이퍼루프를 실현할 날이 올지도 모른다.

하이퍼루프 설계도에서 보듯 머스크는 원대한 꿈을 세우고 구체적인 실행 계획을 만드는 행동하는 천재 사업가다. 머스크는 공상과학 영화에 나올 법한 일을 여러 번 현실화한 인물이다. 스페이스X를 설립해 민간 우주 시대를 열었다. 앞서 언급했듯이 버진 갤러틱을 설립해 우주 사업을 펴고 있는 또 다른 사업가 리처드 브랜슨 버진 회장도 머스크의 실행력을 높이 샀다.

스페이스X는 저렴한 가격에 고성능을 가진 로켓 개발에 매달렸다. 팰콘1과 팰콘9 로켓과 드래곤 우주선을 개발했다. 머스크는 지구에 안주해서는 안 되며 적극적으로 미래를 개척해야 한다는 의지를 가졌다.

스페이스X는 2013년 12월 세계 2위 위성통신사 SES 인공위성을 팰콘9에 실어 우주로 쏘아 올렸다. 스페이스X는 인공위성을 한 번 발사하는 데 약 1000억 원의 위탁 수수료를 받는다. 한 번 발사비용은 약 570억 원으로 약 50%가 수익이다. 인공위성 발사는 대부분 국가 차원에서 이뤄지는데 한 번 발사 때 약 5000억 원가량이 든다. 스페이스X는 적은 비용으로 인공위성을 궤도에 올린다.

2014년 5월 30일 머스크는 민간 우주항공선 '드래곤V2'를 공개했다.[27] 7명이 탑승하는 드래곤V2는 반동 추진 엔진이 작동해 원하는 지점에 착륙하는 게 특징이다. 과거 우주왕복선은 낙하산을 펴고 지구로 귀환하는 데 바다로 떨어져 충격을 완화했다. 드래곤V2는 대기로 진입할 때 발열보호막이 나와 우주선을 보호한다. 우주에서는 태양광 패널로 전기를 충전한다. 무엇보다 놀라운 것은 착륙과 동시에 다시 사용할 수 있다는 점이다. SF 영화에서 보던 우주선이 현실에 등장한 셈이다.

머스크는 지구를 지킬 방법으로 테슬라와 솔라시티를 생각했다. 청정에너지를 활용해 교통과 물류를 바꾼다. 일반인에게 더욱 쉽고 저렴하게 청정에너지를 보급했다. 계획만 앞세우는 다른 인물과 달리 구체적인 전략과 제품, 기술 로드맵을 제시한다.

실패를 딛고 일어서다

"2008년은 내 인생에서 최악의 해였다."(《식스티미니츠60Minutes》, 2014년 3월 30일)[28]

화려해 보이는 엘론 머스크에게도 시련은 있었다. 2008년 엘론 머스크의 2개 회사 스페이스X와 테슬라모터스는 파산의 위기에 놓였다. 여기에 이혼까지 하며 개인 삶도 평탄치 않았다.

그는 재산 전부를 스페이스X와 테슬라모터스에 투자했다. 스페이스X 로켓 발사는 세 번이나 실패했고 테슬라 자금 확보에 실패했다. 솔라시티 투자가는 자금 지원 약속을 지키지 않았다.

3개월 후 스페이스X는 미항공우주국NASA과 국제우주정거장ISS에 10억 달러 규모 화물운송 계약을 맺으며 기사회생했다.

테슬라는 금융위기에 휘청였다. 그동안 호의적이었던 투자자들이 돌아서기 시작했고 처녀작인 로드스터에 내구성 문제가 제기됐다. 머스크는 테슬라를 구조조정하고 기업공개를 주도하며 인고의 시간을 견뎠다. 위기에 몰렸던 머스크는 스페이스X에 이어 또 한 번 미 정부의 도움을 받았다.

오바마 정부는 2009년 전기차 개발 기업에 9억 달러를 지원했다.[29] 이때 테슬라는 465만 달러를 지원받았다. 이 자금을 기반으로 머스크는 새로운 투자자를 모집했다. 2010년 머스크는 테슬라 본사를 캘리포니아 산 카를로스에서 팔로알토로 이전했다.

이때 머스크에게 행운이 찾아왔다. 현재 모델S를 생산하는 프레몬트 공장을 4200만 달러(약 430억원)에 인수했다.[30] 프레몬트 공장은 본래 일본 도요타와 GM이 조인트 벤처로 사업을 벌인 곳이었다. 도요타는 대규모 리콜과 동일본 대지진으로 어려움을 겪었고 GM과 멀어지며 테슬라에게 기회가 됐다. 도요타가 공장을 싼값에 판 것은 물론이고 50만 달러(약 5억 1225만 원)까지 테슬라에 지원했다.

엘론 머스크

테슬라	솔라시티	스페이스X
▼ 회장/CEO/공동창설자	▼ 회장	▼ 회장/수석 디자이너/공동창설자
▼ 지분율 23.1%	▼ 지분율 25.6%	▼ (비상장)
▼ MC 214억 달러	▼ MC 59억 달러	

Musk Elon R	23.1%
Fidelity management&research	9.6%
T Rowe price group Inc	5.0%
Daimler AG	4.0%
AABAR Blackstar holdings	4.0%
Capital group companies Inc	3.9%
Baillie gifford and company	3.5%
Morgan stanley	3.3%
Alianz SE	3.3%
기타	40.4%

Musk Elon R	25.6%
Draper Fisher Jurvetson	18.0%
DBL Investors LLC	5.1%
Rive Lyndon R	3.5%
Valor Equity Partners	3.3%
Rive Peter J	3.3%
기타	41.3%

자료: 유진투자증권

"페이팔에서 나오면서 생각했다. '돈을 벌 수 있는 최고의 방법은 무엇인가?'가 아닌 '인류의 미래에 영향을 끼칠 수 있는 다른 문제는 무엇인가?'"

〈비즈니스인사이더〉는 천재성이 나타나는 엘론 머스크의 말을 보도했다.[31]

머스크와 함께 일했던 직원은 "그는 타고난 괴짜"라고 회상했다. 그는 뜨겁게 끓는 창업 정신을 가졌지만 단순히 돈을 벌려 하지 않았다. 어떻게 하면 인류의 삶에 도움이 되는지를 고민했다. 다른 비즈니스 사업가와 그가 다른 점이다. 그가 당장 돈을 벌기 어려운 우주개발과 전기차 사업에 매달린 이유가 여기서 해결된다.

머스크는 스페이스X에서 개발한 로켓과 우주선 관련 특허도 내지 않는다. 그는 "스페이스X는 기본적으로 어떤 특허도 내지 않는다"며 "향후 잠재적인 경쟁자 중국 때문"이라고 설명했다. 만약 스페이스X가 특허를 내면 중국이 이를 기반으로 기술을 개발한다고 덧붙였다. 자사 지적재산권을 보호하려고 오히려 특허를 내지 않는 셈이다.

그는 위험도 두려워하지 않는다. "실패는 하나의 옵션일 뿐입니다. 만약 실패가 없다면 충분히 혁신할 수 없습니다."

테슬라 혁신에 대비하라

아직 국내에 테슬라가 언제 진출할지는 알 수 없다. 테슬라는 세계 자동차 기업의 격전지인 중국에 공을 들이고 있다. 국내 시장은 워낙 규모가 작아 중국 등의 수요를 충족시킨 후 들어올 가능성이 높다.

테슬라가 당장 한국 시장에 들어오지 않는다고 하더라도 국내 기업에 테슬라는 큰 위협이다. 이미 기가팩토리 설립을 공식화하며 LG화학과 삼성SDI 등 국내 2차전지 업계에 잠재적 위협 대상으로 떠올랐다. 스마트폰 시장 포화로 새로운 먹거리를 찾고 있는 삼성전자와 LG전자 등 기존 전자 기업은 스마트 차량 시장에 눈독을 들일 수밖에 없다. 테슬라는 이 시장을 선점해가고 있다. 자동차 시장에 진출했다가 고배를 마신 삼성그룹은 매우 신중한 태도를 보일 테지만 선택지가 많지 않은 탓이다.

테슬라가 전기차 특허를 공개한 것은 국내 기업에 더 큰 위기가 될 수 있다. 물론 특허를 활용해 빠르게 전기차 시장에 진출할 수 있지만 중국 기업에 우선순위를 빼앗길 수 있다. 이미 중국 기업은 우리가 선점했던 조선과 스마트폰 시장에서 무서운 속도로 성장했다.

가장 빠른 추격자였던 한국 기업은 이제 그 자리마저 중국 기업에 내줬다. 테슬라 효과는 자동차와 2차전지, ESS까지 전방위로 확산한다. 단순히 자동차 기업이라 치부하며 점유율만 놓고 보다가는 순식간에 에너지와 물류 인프라를 테슬라에 점령당할지도 모른다.

2장 주

1) http://www.fool.com/investing/general/2014/04/11/is-tesla-motors-inc-really-a-car-company.aspx
2) http://www.teslamotors.com/about/press/releases/tesla-provides-customers-upgraded-charging-software-and-adapter
3) http://business.time.com/2014/01/14/a-tesla-recall-elon-musk-says-not-exactly/
4) http://www.ubergizmo.com/2014/04/tesla-model-s-owners-hack-own-cars-discover-ubuntu/
5) http://www.teslamotorsclub.com/showthread.php/28185-Successful-connection-on-the-Model-S-internal-Ethernet-network
6) http://www.teslamotors.com/blog/gigafactory
7) http://www.teslamotors.com/about/press/releases/nevada-selected-official-site-tesla-battery-gigafactory
8) http://www.solarcity.com/commercial/demandlogic/
9) http://online.wsj.com/news/articles/SB10001424052702303987004579477353051440782
10) http://money.cnn.com/2014/04/22/autos/tesla-china/
11) http://www.bloomberg.com/news/2013-07-18/akerson-demands-gm-innovation-to-guard-against-musk-effect-cars.html
12) http://www.consumerreports.org/cro/2014/02/2014-car-brand-perception-survey/index.htm
13) http://www.forbes.com/sites/ericmack/2014/02/19/elon-musk-tesla-will-be-first-with-autonomous-driving-admits-to-apple-meeting/
14) http://envisionip.com/blog/2013/12/31/smartphone-manufacturers-racing-to-acquire-smart-vehicle-patents/
15) http://www.consumerreports.org/cro/magazine/2014/04/top-picks-2014/index.htm
16) http://www.teslamotors.com/about/press/releases/nhtsa-reaffirms-model-s-5star-safety-rating-all-categories-model-year-2014
17) http://www.engadget.com/2014/03/28/tesla-toughens-up-model-s-underbody/
18) http://www.businessreviewusa.com/business_leaders/tesla-plans-to-debut-a-cheaper-model-e-in-2015
19) http://www.reuters.com/article/2010/01/07/tesla-panasonic-

idUSN0721766720100107

20) http://online.wsj.com/news/articles/SB100014240527023048347045794049012 99898392

21) http://www.teslamotors.com/blog/tesla-approach-distributing-and-servicing-cars

22) http://www.lgeri.com/management/marketing/article.asp?grouping=01020300&seq=396

23) http://online.wsj.com/news/articles/SB1000142405270230468810457946706404 7954346

24) http://www.teslamotors.com/blog/all-our-patent-are-belong-you

25) http://time100.time.com/2013/04/18/time-100/slide/elon-musk/

26) http://www.teslamotors.com/sites/default/files/blog_attachments/hyperloop_alpha3.pdf

27) http://www.spacex.com/webcast

28) http://www.cbsnews.com/news/billionaire-elon-musk-on-2008-the-worst-year-of-my-life/

29) http://www.greencarreports.com/news/1091220_doe-reboots-advanced-auto-tech-loan-program-that-funded-ford-nissan-tesla-fisker

30) http://venturebeat.com/2010/10/21/tesla-gears-up-42-million-fremont-factory-for-model-s/

31) http://www.businessinsider.com/11-elon-musk-quotes-2013-9?op=1#ixzz2iKqFyxWb

AMAZON
NETFLIX
TESLA
IKEA

3장

넷플릭스,
TV를 재정의하다

Disruptors

누가 넷플릭스를 두려워하는가

"안녕하십니까? 캐빈입니다."

지난 2013년 8월 '에든버러 필름 페스티벌'. 아카데미 남우주연상을 받았던 유명 영화배우 캐빈 스페이시Kevin Spacey가 기조연설을 하기 위해 무대에 올라왔다.

에든버러 필름 페스티벌은 전 세계 영화 및 방송 콘텐츠 분야의 PD, 영화감독, 제작자들이 모이는 권위 있는 영화제 중 하나다. 케빈 스페이시가 에든버러 필름 페스티벌 기조연설자로 선택된 것은 넷플릭스Netflix의 오리지널 시리즈 〈하우스 오브 카드House of Cards〉의 주연을 맡아 열연했기 때문이다.

케빈 스페이시가 주연한 〈하우스 오브 카드〉는 영국의 정치인이자 작가인 마이클 돕스Michael Dobbs의 소설을 원작으로 한 정통 정치 스릴러 드라마다. 애초 1990년 영국 BBC에서 제작, 방영된 드라마를 넷플릭스에서 리메이크했다. 넷플릭스에서 〈하우스 오브 카드〉를 보면 영국 BBC의 오리지널 드라마도 시청할 수 있다.

이 작품은 영리한 두뇌에 탁월한 정치 감각을 지닌 미국 상원의원 프란시스 언더우드(케빈 스페이시)를 중심으로 워싱턴 정계에서 벌어지는 권력, 야망, 사랑, 비리가 벌어지는 백악관 스캔들을 다뤘다. 프란시스 언더우드의 교활한 면이 현실적으로 그려지는 것도 재미있지만 워싱턴 언론과의 영합, 주변 정치인의 배신, 이합집산 등을 생생하게 그렸다.

정통 정치 드라마인데 굉장히 사실적이어서 마치 워싱턴 정계의 한 가운데 있는 것 같은 착각을 불러일으킨다. 한마디로 웰메이드Well Made 정치 드라마란 얘기다. 한국에서도 케이블TV에서 방영해 인기를 끌었다.

배우 케빈 스페이시는 이날의 에든버러 필름 페스티벌 기조연설에서 〈하우스 오브 카드〉에서 자신이 얼마나 열연을 펼쳤는지, 이 드라마가 얼마나 흥미진진한 스토리를 담고 있는지에 대해 얘기하지 않았다. 대신에 〈하우스 오브 카드〉가 성공한 이유에 대해 설명했다. 사실 케빈 스페이시는 드라마의 주연이기도 했지만 이 드라마의 기획자이기도 했다.

그는 "넷플릭스 모델의 성공은 확실히 하나를 증명하고 있습니다. 바로 시청자들은 스스로 컨트롤하기 원한다는 것이죠. 시청자들은 자유를 원합니다. 그들이 만약 몰아 보기를 원한다면 그렇게 해주어야 합니다If they want to binge then we should let them binge"라고 말해 현장에 있던 영화감독, PD 및 방송 콘텐츠 관계자의 시선을 집중시켰다.

그렇다. 모바일 인터넷이 일상화된 이후 특정 에피소드만 보는 이용자나 휴일에 작정하고 집에서 드라마를 몰아 보는 이용자가 늘었다.

일상에서는 드라마를 몰아 본다. 다만 이것을 TV나 영화 제작사, 케이블TV 사업자들이 수용하느냐의 여부가 중요했다. 왜냐하면 시리즈로 일주일에 한두 번씩 방송해서 관심을 집중시키고 광고를 통해 재원을 충당하는 전통적인 드라마 비즈니스 모델이 무너질 수 있기 때문이었다.

케빈 스페이시는 2013년 9월 미 캘리포니아 LA 노키아 시어터에서 열린 제65회 에미상Emmy Awards 시상식과 같은 장소에서 1년 뒤인 2014년 8월 열린 66회 에미상 시상식에 각각 〈하우스 오브 카드〉 시즌 1, 2로 참석했다.

에미상은 미국의 드라마, 코미디, 뮤지컬 등 각 장르에서 최고의 TV 프로그램에 주는 시상식이다. 미국 미디어, 엔터테인먼트 분야는 3대 권위 있는 시상식이 있는데 영화의 아카데미(오스카) 시상식, 음악 분야의 그래미 시상식, 그리고 TV 방송 분야의 에미상이다.

〈하우스 오브 카드〉는 2013년 65회 에미상에서 최우수 드라마를 비롯해 9개 부문 후보에 올랐으며 남자 주인공 케빈 스페이시와 여자 주인공 로빈 라이트도 각각 드라마 부문 남우주연상과 여우주연상 후보에 올랐다. 2014년에도 〈하우스 오브 카드〉 시즌 2로 남녀 주연상 후보에 올랐다.

케빈 스페이시와 〈하우스 오브 카드〉 팀은 2년 연속 에미상 후보에 올랐지만 수상하지는 못했다. 케빈 스페이시는 후보에 오른 것만으로도 만족한다며 "(〈하우스 오브 카드〉가 후보로 선택된 것은) 여러 면에서 일종의 새로운 패러다임이다"라며 "우리 모두에게 엄청난 일이다"라고 소감을 밝혔다. 〈월스트리트저널〉은 에미상 시상식 리뷰에서 "넷플릭스가 역사를 썼다. 할리우드가 이제 넷플릭스를 진지하게 받아들이기 시작했다"고 보도했다.

에미상 후보로 올라간 것 자체가 새로운 패러다임의 시작이라고?

2014년 2월 미국의 1위 케이블TV 사업자 컴캐스트는 2위 타임워너케이블을 약 48조 원에 이르는 가격에 인수한다고 전격 발표했다.

무슨 의미일까.

2014년 2월, 미국의 1위 케이블TV 사업자 컴캐스트Comcast는 2위 업체 타임워너케이블Timewanna Cable을 모두 452억 달러(약 48조 원)에 인수한다는 슈퍼 빅딜을 전격적으로 발표했다. 48조 원은 서울시 1년 예산의 2배 정도 되는 금액이다.

두 회사의 합병으로 컴캐스트는 3300만 가구의 케이블TV 가입자와 3200만 가구의 초고속인터넷 가입자를 보유한 초대형 통신방송 사업자가 됐다. 미국 유료방송의 30% 이상을 점유할 공룡 사업자가 탄생한 것이다. 한마디로 미국 미디어 시장에 지각변동급 인수합병이다.

컴캐스트는 지난 2009년 지상파 방송사인 NBC와 영화 제작사인 유니버설 스튜디오의 모회사인 NBC 유니버설을 인수하며 콘텐츠와 전송망을 동시에 보유한 미국 내 최대 미디어 그룹으로 부상한 바 있다.

컴캐스트의 아킬레스건은 미국 내 최대 시장인 뉴욕과 LA에서 기반이 없다는 것이었다. 이 지역 1위는 타임워너케이블이다. 이번 인수로 컴캐스트는 완벽한 전국구 미디어 업체가 됐다.

하지만 여기에 넷플릭스가 제동을 걸고 나섰다. 넷플릭스 최고경영자인 리드 헤이스팅스Reed Hastings는 "컴캐스트의 타임워너케이블 인수는 광대역 인터넷 가입자의 절반 정도를 가져가는 것으로 많은 미국 내 광대역 서비스 가입자들이 다른 대안을 찾지 못하게 될 것"이라고 했다. 즉 독점으로 인한 피해가 있을 것으로 본 것이다.

리드 헤이스팅스의 주장이 컴캐스트의 타임워너케이블 인수를 결정적으로 막을 수는 없었을 것이다. 하지만 이 소식은 미국 내외에서 큰 뉴스로 주목받았다.

케이블TV의 가장 큰 경쟁자가 위성TV 사업자나 AT&T, 버라이즌 등이 아니라 넷플릭스로 인정받은 것이다. 넷플릭스 신드롬이라고 봐도 과언이 아닐 것이다. 넷플릭스의 움직임은 실시간으로 기사화되고 즉각적으로 주가에 반영된다.

넷플릭스는 다양한 미디어 플랫폼 중 하나로, 가입자를 급속도로 모으는 뜨는 서비스 중 하나였으나 이제는 애플, 구글, 페이스북, 아마존과 같은 위치의 플랫폼 회사로 인정받고 있다.

넷플릭스는 〈하우스 오브 카드〉 방영 이전 2013년 1월 16일 주가가 97.48달러였으나 1년이 훌쩍 지난 2014년 9월에는 475달러를 기록하고 있다. 4배가 넘었는데 이는 분명히 '하우스 오브 카드 효과'라고 볼 수 있을 것이다.

경영 실적도 좋다. 2014년 1분기(1~3월) 실적발표에서 분기 매출 12억 7000만 달러(약 1조 3030억 원)를 기록했다. '하우스 오브 카드 효

할리우드를 덮치는 넷플릭스. 〈패스트컴퍼니〉의 특집 기사 이미지

과'가 나오기 전인 2013년 1분기 매출(10억 2000만 달러)보다 늘었다. 가입자는 2014년 1분기에만 225만 명을 추가했다. 전체 가입자는 4800만 명 수준이다. 2분기(4~6월)에는 더 늘었는데 매출 13억 4000만 달러, 순이익도 2013년 2분기에 2946만 달러에서 2014년 2분기에는 7102만 달러로 무려 141%나 증가했다.

넷플릭스 신드롬

이 모든 변화가 지난 2013년 2월 이후 벌어진 일이다. 넷플릭스 〈하우스 오브 카드〉는 '빨간 위협Netflix: The Red Menace'으로 평가받으며 미디어 산업 근본에서부터 혁신의 바람을 불러일으키고 있다.

TV 시장은 세분화됐다. 소비자들의 시청 행태가 변화하고 온라인 배급 모델이 등장했다. 여전히 TV를 시청하는 사람들은 많다. 시청률 조사기관인 닐슨은 미국 월간 TV 시청자 수를 2억 8300만 명으로 분석했다.

그러나 본 방송을 시청하기보다는 케이블 방송이나 넷플릭스와 훌루 같은 서비스를 통해 원하는 시간에 시청하는 사람들이 많아졌다. 이제 사용자들은 원하기만 하면 시리즈 전체 시즌을 연이어 볼 수 있다.

〈하우스 오브 카드〉는 시작 1년 만에 세계 미디어 역사에 큰 획을 긋는 작품이 됐다. 1년 만에 미디어 산업의 많은 것을 바꿔놨다. 일부 미디어 전문가들은 방송 콘텐츠 산업이 '넷플릭스 〈하우스 오브 카드〉' 이전과 이후로 나뉜다고 평가할 정도로 의미를 부여하고 있다.

넷플릭스는 글로벌 미디어 산업에서 가장 주목받는 업체이자 공포의 대상이 됐다. 그 '공포'에는 한국도 예외가 아니다. 한국의 케이블TV 사업자, 통신 사업자, 콘텐츠 업체들의 가장 큰 관심사 중 하나는 '넷플릭스가 한국에 진출할까? 언제 들어올까?'의 여부다.

양휘부 한국케이블TV방송협회KCTA 회장은 "넷플릭스가 전문가들만 알고 있는 수준인데도 이렇게 화제가 되고 있는데 실제 진출한다고 하면 큰 파장이 있을 것이다. 많은 사업자가 벌써 긴장하고 있다"고 말했다.

한국케이블TV방송협회는 태광그룹 계열의 티브로드, CJ그룹 계열의 CJ헬로비전 그리고 씨앤앰, 현대HCN 등 국내 케이블TV 사업자SO와 콘텐츠 사업자PP의 권익을 대변하고 국내 케이블TV 산업을 진흥하는 단체다.

아직 넷플릭스의 본격적인 한국 진출 계획은 없는 것으로 알려졌다. 한국의 삼성전자, LG전자 등과 협력하고 있지만 '넷플릭스' 브랜드로 한국에 진출하는 것은 시간이 더 필요할 것으로 보인다.

캘리포니아 로스 가토스Los Gatos 넷플릭스 본사에 근무하는 한국인

캘리포니아 주 로스 가토스의 넷플릭스 본사(자료: 손재권)

배재현 씨는 "전체 직원 Q&A 시간에 한국 진출 여부를 물어봤는데 최고경영층에서 아직 구체적인 계획은 없다고 답했다"고 전했다.

넷플릭스를 이해하기 전에 이 서비스가 과연 무엇인가를 알아야 할 필요가 있다.

넷플릭스는 미디어 업계에서는 전문 용어로 '오버 더 톱OTT: Over the top'이라고 불리는 미디어 플랫폼이다.

현재 한국에서 방송 콘텐츠를 보기 위해서는 크게 세 가지 방법이 있다. 우선 안테나를 달아서 KBS, MBC, SBS, EBS 등의 지상파 방송을 직접 수신하는 방법이다. 개별 안테나를 달거나 공동 시청할 수 있는 공시청 안테나를 달아 나누면 지상파 방송은 무료로 볼 수 있다. 하지만 집에 안테나를 직접 달아야 하고 볼 수 있는 방송이 지상파 몇 개에 불과하므로 안테나를 달아 직접 수신하는 가구는 많지 않다.

2013년 한국은 아날로그 방송의 디지털로 전환을 성공리에 마쳤는데 대대적 디지털 전환에도 큰 불편함이 없었던 것은 지상파를 직접 수신하는 가구보다 케이블TV, 위성방송, IPTV 등 유료방송을 통해 시청하는 가구가 절대적으로 많기 때문이다.

그리고 적게는 9000원에서 많게는 3만~4만 원을 매월 내고 다채널 방송을 시청하는 유료방송 시청 가구는 2541만에 달한다. 케이블TV, 위성방송, IPTV 가입자를 합치면 전체 가구의 104%가 나오는데 그만큼 유료방송 플랫폼을 통해 시청하는 가구가 대부분이라고 봐도 된다.

마지막으로 모바일이나 PC를 통해 시청하는 방법이다. 모바일은 지상파 DMB를 통해 시청할 수 있고 인터넷 포털 네이버나 다음이 하는 스트리밍 서비스를 통해 시청할 수도 있다. KT, SK텔레콤(SK브로드밴드), LG유플러스 등 통신 사업자는 자사 IPTV 방송을 모바일로도 시청할 수 있도록 '모바일 IPTV' 서비스를 하고 있으며 케이블 TV 사업자인 CJ헬로비전은 '티빙TVing'을 서비스하고 있다. 〈응답하라 1994〉와 같은 CJ E&M의 콘텐츠는 계열사인 티빙을 통해서도 시청할 수 있다.

각국마다 미디어 상황이 다르므로 방송 시청 행태도 다르다. 하지만 대부분 국가에서 방송을 시청하기 위해서는 주파수나 유선 네트워크의 힘을 빌려야 하는 것은 같다.

한국에서는 네이버, 다음 등의 포털이나 모바일 IPTV, 티빙과 같은 서비스가 주류 방송 플랫폼을 위협할 정도는 아니다. 그래서 넷플릭스를 직접 경험해보지 않으면 혁신 정도를 체감하기 어렵다. 하지만 넷플릭스 서비스 국가에서는 빠르게 확산되고 있다.

넷플릭스는 2010년 9월 캐나다에서 동영상 스트리밍 서비스를 출시하면서 미국 이외 지역으로 진출을 본격화하기 시작했다. 이후 남미와 유럽 지역으로의 진출 의사를 밝히고 2011년 서비스를 론칭한 이후 2012년에는 영국에서도 서비스를 출시하면서 유럽 지역의 서비스 확대를 위한 발판을 마련했다. 2014년 5월에는 독일, 오스트리아, 스위스, 프랑스, 벨기에, 룩셈부르크 등 유럽 진출 국가를 확대한다고 공식 발표했으며 6월에는 호주와 뉴질랜드에서도 2015년 중에 서비스를 제공할 것이라는 루머가 나왔다. 넷플릭스는 40여 개 국가에서 서비스를 제공하고 있다.

넷플릭스에 가입하고 영화를 넷플릭스에서 보는 경험을 한두 번 하다 보면 벗어나기 쉽지 않으며 월 7.99달러의 돈도 그렇게 비싸게 느끼지 못하게 된다. 오히려 기존 유료방송 채널이 비싸게 느껴지기도 한다.

유료방송 채널은 가입 정도에 따라 차이가 있지만 최소 50달러에서 최대 120달러까지 상품 요금을 내야 한다. 보통 인터넷과 같이 결합해서 유료방송을 보기 때문에 체감도는 더 높게 느껴진다. 그래서 넷플릭스로 인해 기존 케이블TV를 해지하는 이용자들도 늘고 있다.

이를 소위 '코드 커팅Cord Cutting'이라고 하는데 이 같은 시청자는 기존 가입자의 약 6%에 달하는 것으로 조사되고 있다. 인터넷만 살려두고 케이블TV만 해지하는 가입자다. 그래도 사실 크게 불편함은 없다. 인터넷이 있으니까.

넷플릭스와 같은 서비스는 영화나 드라마, 다큐멘터리 등의 콘텐츠를 보유하고 가입자를 직접 모아 주파수와 네트워크 위에서 서비스하는 플랫폼으로 넷플릭스에 가입하면 한 달은 무료로 볼 수 있고 그다음 달부터는 7.99달러를 내야 한다. 대신 광고가 없다. 넷플릭스에 가입하면 별도의 셋톱박스를 구입하지 않아도 PC, 스마트폰, 스마트TV 등 약 30개 디바이스에서 같은 계정으로 영화나 드라마를 시청할 수 있다. 스마트TV가 아니라고 하더라도 넷플릭스가 나오는 태블릿PC를 TV에 연결하면 큰 화면에서도 볼 수 있기 때문에 큰 불편함을 느끼지 못한다. 애플의 '아이튠즈'나 아마존의 '프라임'도 오버 더 톱 서비스의 한 종류다. 미국에서는 애플과 아마존은 콘텐츠 마켓이 되고 있는데 여기서 구매한 영화나 드라마를 TV에서 볼 수 있다.

이 같은 서비스는 넷플릭스가 처음은 아니다. 이전에도 인터넷 위에서 영화나 드라마를 볼 수 있게 하는 서비스는 많았다. 이 회사가 처음 개발한 방식이 아니라는 것이다. 하지만 넷플릭스 CEO 리드 헤이스팅스는 달랐다.

그는 "우리는 TV가 아니다. 우리는 넷플릭스다"라고 말했다. 넷플릭스를 기존 TV나 방송 개념이 아닌 시청 경험을 재정의redefine하고 싶었던 것이다. 넷플릭스를 시청하는 경험 자체로 넷플릭스란 단어를 명사가 아닌 동사로 만들고 싶었던 것이다.

넷플릭스는
어떻게 TV를 재정의했나?

지난 2007년 에든버러 필름 페스티벌. 인터넷의 대부로 불리는 빈튼 서프_{Vinton Gray Cerf} 국제인터넷주소관리기구 의장 겸 구글 부사장이 무대에 올라왔다.

"우리가 보는 비디오의 85%는 미리 녹화된 것입니다. 그리고 당신들은 모든 것을 다운로드할 수 있도록 만들 수 있습니다. 뉴스, 스포츠 이벤트 그리고 긴급 상황에 생방송으로 중계하기 위해 TV가 필요할 수 있습니다. 하지만 점차 모든 콘텐츠를 다운로드할 수 있는 아이팟과 같이 될 것입니다."

빈튼 서프는 이를 '아이팟 모멘텀'으로 불렀다.

빈튼 서프가 TV의 아이팟 모멘텀을 선언한 지 7년이 넘게 지났다. 하지만 TV는 죽지 않았고 여전히 TV는 가장 강력한 미디어로 존재하고 있다. 인터넷이 모바일로까지 확장됐음에도 말이다. 하지만 앞으로 7년 후에도 같을까?

시청자들이 원하는 것을 줘야 한다. 그것은 시간이다

"리모컨 어디 갔어?"

TV를 보기 위해 가장 먼저 찾는 것은 리모컨이다. 셋톱박스를 이용하더라도 리모컨을 먼저 찾아야 한다. 방 한구석에 처박힌, 소파 아래로 떨어진 리모컨을 찾아 헤맨 기억은 누구나 '추억'처럼 가지고 있다. 아니, 지금도 그렇다. 방 안에서 리모컨 찾아 '삼만리'를 헤맨다.

하지만 넷플릭스를 경험하면 재미있는 현상을 발견한다. 리모컨이 아닌 스마트폰이나 태블릿을 먼저 찾게 된다. 그다음 리모컨으로 TV를 켠다. 본 장면을 이어 보기 위해서다. 이처럼 넷플릭스는 TV 시청의 새로운 경험을 준다.

넷플릭스는 어떻게 TV를 재정의하고 스스로 동사로 만들고 있는 것일까.

케빈 스페이시가 에든버러 필름 페스티벌에서 "시청자들이 몰아 보기를 원한다면 그렇게 해줘야 한다"고 말해 주목을 받은 것은 넷플릭스가 〈하우스 오브 카드〉 시즌 1의 13편 전 편을 한꺼번에 공개하는 전략을 최초로 선보였기 때문이다.

원하는 시간에 원하는 디바이스에서 원하는 방식으로 드라마를 볼 수 있다. 차 안에서 태블릿으로 볼 수도 있고 지하철에서 스마트폰으로 볼 수도 있으며 집에서 TV로 이어서 볼 수도 있다. 설이나 추석 연휴에 하루 13편을 동시에 보고자 하면 그렇게 할 수도 있다.

이 시도가 획기적이었던 이유는 미디어 산업의 상식에서 벗어나는 전략이기 때문이다. 미디어 산업은 기본적으로 '관심경제attention economy' 이론을 따른다. 더 많은 주목을 받을수록 시청자가 몰리고 이는 곧 높은 광고료로 이어지는 비즈니스 모델이다.

특정 요일에, 특정 시간대에 시청자들이 '본방'을 사수하거나 놓치더라도 재방송을 챙겨서 봐야 했다. 지금도 다수 방송국은 이 같은 방식으로 드라마를 시작한다. 크게 주목을 끌게 하고 시청률을 높이는 전략으로 주 수입원은 '광고'다. 드라마에서 비싼 값에 이름이 알려진 스타를 기용하는 이유도 관심경제 이론 때문이다.

이름이 알려진 스타, 대중에게 이미 검증을 받은 스타는 주목을 받기 쉽다. 미국 드라마가 매주 다른 에피소드 제도를 도입하고 시즌제를 선택하는 이유도 주목을 끌어서 더 많은 광고를 유치하기 위해서다. 매주 다른 에피소드는 시청자들의 흥미를 계속 유발하고 시즌제는 히트 드라마의 인지도 때문에 사전 제작비와 홍보비용을 줄일 수 있다.

시즌을 마치면 IPTV 다시 보기 서비스VoD나 케이블TV 재방송, DVD 시장으로 흘러가서 투자비를 뽑아낸다. 하지만 〈하우스 오브 카드〉는 한꺼번에 13편을 공개했다. 웰메이드 드라마인데 13편이면 프리미어를 제외하고 주 2회 방송한다고 하면 최소 2개월 이상 지속적으로 주목을 끌 수 있었는데 그 장점을 포기한 것이다.

매주 다른 에피소드로 흥미를 지속시킬 수도 없고 그에 따른 입소문 효과도 반감된다. 본 사람만 "그거 봤어?"라고 하지 새로운 주인공 등장으로 흥미를 배가시키거나 시청률을 높일 수 없다.

시청자 반응에 따라 시나리오가 바뀌는 한국에서는 더욱 이런 방식의 드라마 제작이 익숙하지 않다. 한국에서는 오히려 중간에 시나리오를 바꿀 수 없어서 인기를 끌지 못했을 수도 있다.

이것이 그동안의 상식에 벗어난 전략이었다는 이유는 케빈 스페이시가 지난 2011년 이 프로젝트를 처음 제안받았을 때 했던 말에서도 증명한다. 케빈 스페이시는 넷플릭스의 제안을 받고 "이 친구들이 방송을 안 하고 바로 DVD로 내겠다는 것인가?"라고 반문했다는 후문이다. 당시만 해도 넷플릭스는 모바일 스트리밍 업체가 아닌 DVD 렌털 업체로 유명했기 때문이다.

넷플릭스도 〈하우스 오브 카드〉를 시작하기 전에 지상파 TV 광고와 신문에 케빈 스페이시가 워싱턴DC 링컨 메모리얼에 링컨 대신 앉아 있는 광고를 집중적으로 했다. 이목을 집중시키는 전략이었다. 하지만 수입원은 다르다. 광고가 아닌 '월 이용료'다. 유료 가입자를 늘리겠다는 전략이었다.

대신 주도권을 회사가 아닌 이용자(시청자)에게 줬다. 원하는 시간에 원하는 디바이스에서 상황에 맞게 시청할 수 있도록 하는 것이다. 본방 사수할 필요도 없고 재방송 시간에 맞출 필요도 없다. 보고 싶을 때 보면 된다. 웰메이드 오리지널 콘텐츠를 독점 제작해서 자신의 플랫폼에 독점 공급하는 전략이다.

이 전략이 성공했다는 것은 2013년, 2014년 에미상이 증명했다. 특히 2013년 에미상에서 〈하우스 오브 카드〉가 3개 상을 받아 간 것이 역사적이었던 이유는 최초로 인터넷 사업자가 만든 방송 콘텐츠에 상을 줬기 때문이다. 권위 있는 시상식에서 상을 받았다는 것은 그야말로 '인정받았다'는 뜻이다.

그동안 소위 '웨비소드webisode'라 불리던 인터넷 드라마는 주류 방송에서 인정을 받지 못했다. 지상파나 케이블이 아닌 인터넷으로만 방송된 드라마는 틈새에 불과했다.

〈하우스 오브 카드〉 이외에도 작품상 후보로 오른 드라마는 케이블·위성방송 전문 드라마 제작사 AMC의 〈브레이킹 배드Breaking Bad〉와 〈매드 맨Mad Men〉, 공영방송 PBS의 〈다운타운 애비Downton Abbey〉 그리고 유료방송 채널 HBO의 〈왕좌의 게임Game of Thrones〉, 역시 유료방송 쇼타임의 〈홈랜드Homeland〉였다. 모두 웰메이드 드라마다.

〈하우스 오브 카드〉는 비록 작품상은 받지 못했지만 데이비드 핀처가 감독상을 받아서 아쉬움을 달랬다.

〈하우스 오브 카드〉는 확실한 모멘텀을 만들어냈다. 두 번째 자체 제작 드라마 〈오렌지 이즈 더 뉴 블랙Orange is the New Black〉을 만들어 또 한 번의 대박을 만들어냈기 때문이다. 이 드라마는 넷플릭스 사상 가장 많은 시청 횟수를 기록한 드라마가 됐다. 여성 죄수들의 교도소 생활을 다룬 이 드라마는 〈하우스 오브 카드〉를 능가하는 성공을 거두고 있다는 평가를 받았다.

넷플릭스는 2014년 〈하우스 오브 카드〉 시즌 2와 〈오렌지 이즈 더

넷플릭스가 내놓은 오리지널 드라마 〈오렌지 이즈 더 뉴 블랙〉. 〈하우스 오브 카드〉의 성공에 힘입어 큰 인기를 모았다.

뉴 블랙〉 시즌 2 외에도 정치 다큐멘터리 〈미트_Mitt〉, 제인 폰다 주연의 첫 라이브 액션 코미디 시리즈인 〈그레이스와 프랭키_Grace and Frankie〉, 애니메이션 코미디 시리즈인 〈보잭 호스맨_BoJack Horseman〉, 드림웍스와 공동제작한 애니메이션 시리즈 〈마르코 폴로의 모험_Adventure of Marco Polo〉, 마블의 〈데어데블_Daredevil〉, 워쇼스키 자매의 SF 드라마 〈센스 8_Sense 8〉 등 다양한 장르의 시리즈물을 제작해 선보였다.

넷플릭스는 이제 스트리밍 플랫폼, 오버 더 톱 서비스 업체뿐만 아니라 미국 굴지의 드라마 제작사 중 하나가 됐다. 할리우드 유명 배우들도 넷플릭스 제작 드라마에 출연하는 것을 꺼리지 않는다. 예전 같았으면 인터넷 드라마에나 출현하는 배우로 인식된다며 거절했을 가능성이 높다.

넷플릭스는 약 1만 493편의 영화, 드라마가 있다. 대부분 과거 작품이어서 볼 게 많지 않다는 것이 단점이었는데 오리지널 드라마 제작으로 이 같은 약점을 점차 해소하고 있는 중이다. 오리지널 콘텐츠 제작사로의 변신은 사실 넷플릭스의 생존을 위한 투쟁이기도 하다.

리드 헤이스팅스는 2010년 연례 보고서에서 "가입자 증가는 좋은 콘텐츠를 가져오게 될 것이고, 이는 또 가입자 증가로 이어지는 선순환을 만들 수 있을 것이다"라고 강조했다. 하지만 스트리밍 콘텐츠를 얻어 오기 위한 비용은 너무도 많았다. 넷플릭스는 콘텐츠를 확보하기 위해 디즈니, 소니, 스타즈Starz와 같은 메이저 스튜디오와 계약했는데 이 비용이 전체 매출의 50%를 차지할 정도였다. 차라리 직접 제작하는 것이 더 저렴할 수 있다는 판단에 이르게 된 것이다.

오리지널 시리즈 성공으로 넷플릭스의 지향점은 확실해졌다. HBO나 쇼타임과 같은 드라마 제작사가 되어 지상파 방송사들과 직접 경쟁하겠다는 것이다. 아마존과 HBO가 즉각 반응했다.

실제로 아마존은 2014년 4월 미국 유료 케이블 채널 HBO의 콘텐츠 독점 공급계약을 맺었다. 아마존 프라임 서비스 회원은 2014년 5월부터 소프라노스 등 HBO의 종영 드라마를 즐기고 있다. 계약 조건에 따라 〈왕좌의 게임〉은 공급 대상에서 제외됐고 〈뉴스룸〉 등의 드라마는 3년 이후에 제공된다.

그러나 아마존은 처음으로 경쟁력 있는 드라마 콘텐츠를 확보할 수 있게 됐고 HBO는 케이블이나 위성 외에 모바일 미디어로 'HBO Go'라는 플랫폼이 있는데 HBO Go 외에 처음 공급하는 매체로 아마존을 선택했다. 넷플릭스를 둘러싸고 아마존과 HBO가 협공하는 모양새다.

디맨드가 아니라 레커멘드 시대

시청자들이 원하는 영화나 드라마를 서비스하는 모바일 앱은 많다. 한국에서도 통신 사업자, 케이블TV, 지상파 방송사도 "시청자가 원한다"며 각각 다른 앱을 보유하고 있다. 미국은 더 많다. 하지만 무엇이 넷플릭스를 다르게 만든 것일까?

넷플릭스가 인기를 끌고 있는 이유는 볼만한 영화나 드라마의 '수'가 많아서가 아니다. '볼만한' 영화나 드라마가 많아서다. 이게 무슨 차이일까?

오늘날의 넷플릭스를 만든 핵심 경쟁력은 강력한 '추천엔진recommandation engine'에 있다. 넷플릭스가 제공하는 영화, 동영상, 드라마 수는 약 3만 편에 불과하다. 영화는 1만 428편 정도다. 이는 HBO 등의 영화 사이트나 후발주자인 아마존 인스턴트 프라임Amazon Instant Prime이 보유한 총 8만 5635편(HD 3833편)보다 적다. 그럼에도 볼만한 영화, 드라마를 추천해주기 때문에 절대 수가 적은 점을 극복하고 있다.

실제로 넷플릭스는 한국 영화를 찾기도 어렵지 않다. 영어권 동영상 포털 사이트에서 한국 영화를 찾기는 쉽지 않다. 〈엽기적인 그녀〉를 보고 싶다고 할 때 영화의 영어 제목을 'My Sassy Girl'이라고 알아야 찾을 수 있다. 검색창에 YeopGi를 검색해야 할까, Sassy를 검색해야 할까?

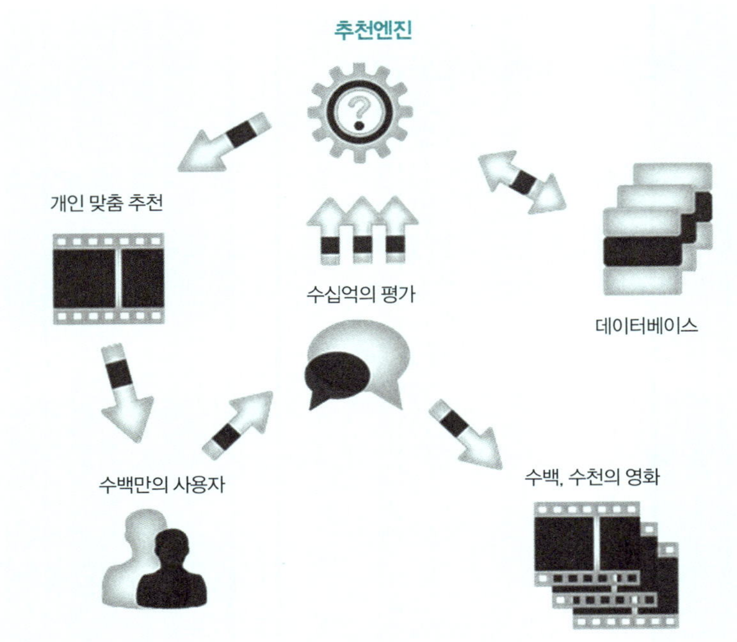

넷플릭스 추천엔진 구조도[1]

하지만 넷플릭스는 추천해준다. 한국 영화를 한 편이라도 봤다고 하면, 그 영화가 로멘틱 코미디였으면 '당신이 좋아할 만한 영화You may like' 리스트에 곧 〈엽기적인 그녀〉가 뜬다.

넷플릭스에서 〈쉰들러 리스트〉를 시청하면 이 가입자가 스티븐 스필버그 감독을 좋아할 가능성이 높아지고, 혹은 흑백 영화를 좋아할 수도 있고 다큐멘터리를 좋아할 가능성도 높아지기 때문에 그와 관련된 영화가 곧바로 추천된다. 또 '협력 필터링collaborative filtering'이 있어서 이용자 자신이 준 별점과 많이 겹치는 다른 이용자의 별점을 기준으로 아직 안 본 영화를 추천해주는 방법도 많이 쓴다.

넷플릭스 가입자가 〈스타트랙〉을 시청하면 다음에 볼만한 영화는 확실해진다. 후속 〈스타트랙〉 시리즈를 볼 가능성이 높고 SF 영화를 좋아할 가능성도 높아진다.

영화, 드라마, 동영상 콘텐츠를 제공하는 많은 서비스(PC, 모바일 포함)는 모두 맞춤형 콘텐츠를 내세운다. 가입자들이 원하는 맞춤형 콘텐츠를 제공하겠다는 것이다. 하지만 무엇이 맞춤형인가? 소비자들이 원하기 전demand에 원하는 것을 추천recommend, 제공해야 한다. 지금은 디맨드가 아니라 레커멘드의 시대다. 이것을 넷플릭스는 잘 간파하고 있으며 이것을 핵심 경쟁력으로 삼고 있다. 이용자들이 '요청'하기 전에 '추천'해줘야 한다.

넷플릭스의 로스 가토스 본사에는 이렇게 '추천엔진'을 개발하고 유지하는 엔지니어 인력만 약 800명이다. 800명이 추천엔진 개발에 온 힘을 쏟고 있는 것이다. 넷플릭스 시청자의 약 75%는 이렇게 추천엔진을 통해 영화나 드라마를 본다. 보고 싶은 영화나 드라마를 검색해서 찾아보는 것이 아니라 추천해준 영화를 본다는 것이다.

넷플릭스는 좀 더 정확한 추천엔진을 만들기 위해 가입자들의 다른 데이터를 설명해주는 데이터인 '메타 데이터'를 뽑고 알고리즘을 만들었다. 가입자마다 영화에 대한 평가rating가 다르고 브라우징 습관이나 취향이 다르다. 넷플릭스는 가입자의 시청 시간, 일자, 디바이스, 평일과 주말 선호 영화, 소셜미디어에서 언급된 횟수 등도 분석해 추적한다. 이는 비슷한 시청 패턴은 취향을 반영한다는 판단 때문이다.

넷플릭스는 하루 평균 약 3000만 건의 동영상 재생 기록과 400만 건에 달하는 이용자의 평가, 300만 건이 넘는 검색 정보, 위치 정보와 단말 정보를 뒤진다. 영상물의 색깔 톤과 음량도 조사했다.

이같이 기계적 분석만으로도 부족해 넷플릭스는 약 40명에 달하는 프리랜서 영화 전문가를 고용했다. 이들은 각 영화에 수작업으로 태그_{hand-tagging}를 단다.

코미디, 드라마, SF 등의 장르 태그를 다는 것이 아니라 20대가 좋아할 만한 영화인지, 우울한 영화인지, 여배우가 연기를 잘하는지, 영화의 주요 배경이 어디인지 등등 자세히 태그를 단다. 이것이 조합되어 가입자들에게 다음에 볼만한 영화를 추천해준다.

넷플릭스가 가장 중요하게 보는 지점은 '시청 습관'이다. 넷플릭스는 가입자가 한두 번 별을 많이 준 영화 장르보다 항상 즐겨 보는 영화를 추천했을 때 만족도가 높다는 것을 알게 됐다. '다큐멘터리'나 '예술 영화'를 좋아한다고 대답한 가입자도 실제로는 섹스 코미디를 추천했을 때 클릭률이 높다는 데이터를 가지고 있기 때문이다.

이 같은 알고리즘 방식은 항상 진화하고 있다. 이용자들이 원하는 것이 무엇인가를 정확히 알아내기 위해서다.

미디어 기업뿐만 아니라 많은 소프트웨어 기업들이 어떻게 소프트웨어를 통해 세상을 바꿀 수 있는지 본보기가 되고 있다. 넷플릭스는 점차 동사가 되고 있다.

"시청률이 얼마나 되나요?"

미디어 산업의 황금률이다. 시청률에 따라 프로그램은 울고 웃는다. 시청률이 저조하면 현재 방영하는 드라마가 갑자기 폐방되고 드라마는 줄거리가 바뀐다. '막장 드라마'란 무엇인가. 온갖 인간관계를 조합해 현실에선 일어나기 어려운 상황을 만들어낸 드라마다. 막장 드라마의 본질은 시청률이다. 시청률을 높이기 위해 작위적인 설정을 만들어 시청자들이 욕하면서도 보게 하는 것 아닌가.

하지만 넷플릭스는 시청률을 계산하지 않는다. 시청률은 기본적으로 시청자들이 '본다'와 '안 본다'로 구분된다. 시청률을 산정하는 방법도 특별한 장치(피플미터 등)를 달아 시간대별로 '보는' 가구와 '보지 않는' 가구를 나눈다.

여기엔 '왜' 본다, '어떻게' 본다와 '무엇을' 본다 등 본질적인 질문이 빠져 있

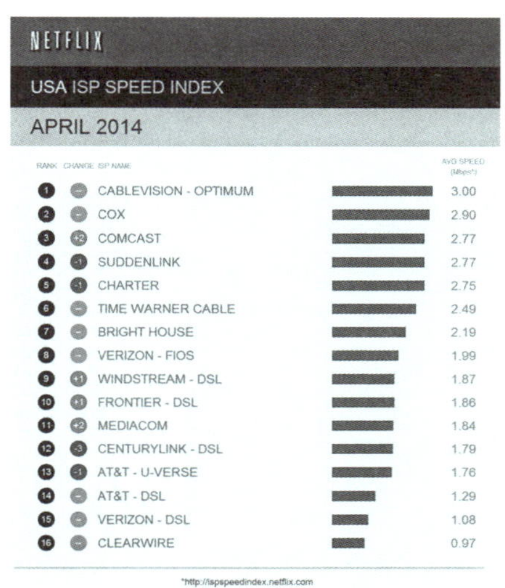

넷플릭스의 인터넷 사업자의 속도 지수. 이용자들에게 넷플릭스 서비스 때문이 아니라 인터넷 속도 때문에 버퍼링이 일어날 수 있다는 것을 보여준다.

다. 해당 프로그램이 싫어도 심심해서 볼 수도 있고 좋아해도 상황이 안 되어 못 볼 수도 있다. 예전에는 이런 본질적인 질문을 할 필요가 없었고 구할 방법도 없었다.

이제는 다르다. 인터넷은 모든 것을 알려준다.

집에서 공포 영화를 시청하는 중간에 시청을 못 할 수 있다. 손님이 왔을 수도 있고 내용이 잔인해서일 수도 있다. 공포 영화를 시청한 넷플릭스 가입자 다수가 해당 지점에서 시청을 중단했다면 이것은 손님이 왔다기보다 내용에 문제가 있었을 것이다. 이 부분을 연구하면 내용을 바꿀 수 있다. 또 해당 지역에서는 많이 보는 영화가 다른 지역에서는 인기가 없을 수 있다.

대중 미디어는 알 수가 없다. 하지만 넷플릭스는 알고 있다.

넷플릭스가 바꾼 것들

인터넷 역사를 바꾸는 넷플릭스

지금은 인터넷 없이 세상을 살 수 없을 것 같다. 정보를 찾고 음악을 듣는 것뿐만 아니라 돈을 주고받더라도, 물건을 사더라도 인터넷을 거친다. 인터넷의 역사를 돌이켜보면 이렇게 짧은 시간에 세상을 바꿀 수 있다는 것이 놀라울 뿐이다.

인터넷은 전 세계 컴퓨터가 연결되어 통신 프로토콜TCP/IP: Transmission Control Protocol/Internet Protocol을 이용해 정보를 주고받는 컴퓨터 네트워크다.

미 국무부Defense Department 후원으로 처음으로 몇 개의 컴퓨터에 '알파넷ARPANET'이라며 연결을 주고받은 것이 1969년이었다. 인터넷이란 이름이 생긴 지도 오래되지 않았다. TCP/IP의 기본 아이디어를 생각해낸 빈튼 서프와 밥 간이 '네트워크의 네트워크'를 지향해 모든 컴퓨터를 하나의 통신망에 연결Inter Network하고자 하는 의도로 '인터넷Internet'이라고 이름 지은 것도 1973년이며 월드 와이드 웹WWW: World Wide Web이 생긴 것은 1989년이다.

인터넷은 처음엔 미 국무부, 나사, 스탠퍼드대학, MIT 등에서 소규모 통신망을 서로 접속하는 형태였으나 이제는 전 세계를 망라하는 거대한 통신망의 집합체가 됐다.

'자유 접속' '평등한 접속' 등의 이념으로 정부나 특정 단체의 규제 없이 성장해온 것이 인터넷의 본질이다. 인터넷을 연결하는 데 정부가 개입하지 않았다. 그래서 서울에 있는 집에서 클릭 한 번으로 미국 백악관 홈페이지에 접속해 정보를 내려받을 수 있었다. 인터넷이 연결되기 전에는 백악관이 있는 워싱턴DC에 직접 가서 비용을 크게 지불하고 시간과 노력을 들여 정보를 얻어야 했다.

빈튼 서프가 인터넷으로 특허 등을 통해 돈을 벌고자 했으면 대박이 났을 수도 있지만 그는 '자유로운 접속'을 통해 전 세계를 연결하는 것이 더 중요하다고 생각했다.

빈튼 서프 등 인터넷 선구자들의 위대한 점은 '승인이 필요 없는 혁신'이란 원칙을 만든 것에 있다. 연결하기 위해 승인을 받을 필요 없이 혁신과 창조를 할 수 있는 환경을 만들었기 때문에 새 아이디어가 쏟아져 나올 수 있었으며 구글, 야후, 페이스북, 네이버, 다음과 같은 기업이 태어났다. 그래서 빈튼 서프는 '인터넷의 아버지'로 불린다.

인터넷 사업자들은 유무선 네트워크를 보급하기 위해 큰돈을 투자했고 이용자들은 가입비와 월 이용료를 내고 인터넷을 사용해왔다.

인터넷은 무료가 아니다. 하지만 유무선 인터넷 보급이 확산되어 인터넷 없는 국가, 지역을 찾기 어려운 상황이 됐기 때문에 마치 언제나 있던 '공기'처럼 느껴질 뿐이다.

하지만 이 같은 원칙이 인터넷 탄생 40년 만에 바뀔 상황이 펼쳐지고 있다. 더 빠르고 안전한 인터넷을 사용하기 위해서는 돈을 더 낼 수(더 받을 수) 있다는 원칙이 만들어지고 있는 것이다. 넷플릭스는 이같이 인터넷의 40년 원칙이 흔들리는 한가운데 서 있다.

미국 연방통신위원회FCC는 2014년 5월 열린 전체 회의에서 인터넷 고속 회선에 대한 급행료 수수를 허용하는 '망중립성 정책 개정안'을 찬성 3표 대 반대 2표로 통과시켰다. 이 개정안에 따르면 구글, 페

톰 휠러 FCC 위원장. FCC는 망중립성 개정안을 가결 처리했다(자료: 〈월스트리트저널〉).

이스북, 트위터, 유튜브, 넷플릭스 등의 콘텐츠 사업자가 버라이즌, AT&T, 컴캐스트 같은 인터넷 통신망 사업자에 돈을 추가로 내면 특별 회선을 이용해 경쟁 업체보다 빠른 속도로 데이터를 전송할 수 있다. 이 개정안은 의견 수렴을 거쳐 2014년 연말쯤 확정, 시행된다.

FCC의 개정안 가결 소식이 전해지면서 미국의 정보기술_{IT} 업체와 소비자 단체들이 반발하고 나섰다. 인터넷 탄생 이후 40년간 지켜온 '망중립성' 원칙이 흔들릴 수 있다는 것이다.

망중립성이란 모든 네트워크 사업자는 모든 콘텐츠를 동등하게 취급하고 어떠한 차별도 하지 말아야 한다는 뜻이다. 비차별, 상호 접속, 접근성 등 세 가지 원칙이 동일하게 적용되어야 하는 것이 조건이다.

아마존, 구글, 야후, 이베이, 트위터, 페이스북 등 거대 업체들도 무한 경쟁에 따른 비용 증가를 우려해 반대 입장을 나타냈으며 〈워싱턴포스트〉는 "실리콘밸리의 작은 업체들은 고속 회선에 지급할 자금 여력이 없어 결국 거대 업체들과의 경쟁에서 도태될 것이다"라는 실리콘밸리 업체들의 의견을 전하기도 했다.

아마존은 일부 가입자에게 더 빠른 회선을 제공하는 것이 다른 이들이 사용하는 서비스의 질을 저하시키는 결과를 낳을 수도 있다고 언급했다. 폴 마이즈너 아마존 글로벌 공공정책 담당 부사장은 "광대역 인터넷 서비스 업체의 차별적인 요금제 때문에 빠른 속도로 원하는 콘텐츠에 접속할 수 있는 소비자의 권리가 침해돼서는 안 된다"고 지적하면서 "강력한 비차별적인 규제가 필요하다"고 말했다.

넷플릭스 리드 헤이스팅스 CEO는 "광대역 인터넷 업체들이 웹 트래픽을 차별할 수 있도록 합법화시켜 혁신을 저해하고 미국 소비자들에게 피해를 줄 수도 있다는 점을 우려하고 있다"고 말하기도 했다.

넷플릭스가 흔들리는 망중립성 원칙의 한가운데 있는 것은 미국 인터넷 트래픽의 31.6%나 차지하고 있기 때문이다. 넷플릭스는 약 4800만 명의 유료 가입자를 보유하고 있다. 이들이 미국 인터넷 트래픽의 상당수를 차지하고 있는 것이다. 컴캐스트, AT&T 등 인터넷 서비스 제공 사업자ISP에게는 넷플릭스 이용자가 짐이 아닐 수 없다. 넷플릭스를 이용하지 않는 가입자에 비해 훨씬 많은 인터넷 트래픽을 유발하고 있기 때문이다.

인터넷 사업자들은 넷플릭스에 '트래픽 유발'에 따른 비용을 지불하라고 압박했다. 그래서 넷플릭스는 2014년 4월 미국의 통신 사업자 버라이즌과 직접 네트워크 접속 대가를 지불하는 '유료 피어링 계약paid-peering arrangements'을 체결했다.

피어링 계약이란 대량 트래픽을 일으키는 콘텐츠 서비스 사업자가 인터넷 서비스 공급자에 네트워크 부하 대가를 지급한다는 합의다. 대신 버라이즌은 자사 망을 이용하는 넷플릭스 가입자에게 더 빠른 TV 드라마나 영화 프로그램 접속을 약속했다.

이 계약으로 넷플릭스 이용자는 다른 서비스 가입자보다 더 빠른 속도로 인터넷 기반 콘텐츠를 즐길 수 있게 됐다. 예를 들어 넷플릭스 이용자는 훌루나 애플TV 가입자보다 더 빠르고 안정적인 상태에서 콘텐츠를 볼 수 있게 됐다. 넷플릭스는 버라이즌과 계약에 앞서 2014년 2월 컴캐스트와 같은 계약을 한 바 있으며 이번이 두 번째다.

넷플릭스가 유무선 통신 사업자 버라이즌과 케이블 사업자 컴캐스트와 맺은 계약은 미국 내에서 큰 반향을 불러일으켰다.

넷플릭스가 이렇게 계약을 맺은 이유는 한 가지다. 넷플릭스 서비스가 생각보다 자주 끊기기 때문이다. 콘텐츠를 다운로드한 후에 보는 것이 아니라 실시간으로 콘텐츠가 흐르는, 스트리밍 서비스인데 중간에 끊기거나 버퍼가 일어나면 영화나 드라마를 끝까지 이어 보기 어렵다. 특히 이용자들이 몰리는 크리스마스 등의 핫 시즌에는 더욱 이런 현상이 발생한다.

그래서 넷플릭스는 통신 사업자들과 안정적인 서비스를 받을 수 있는 계약을 체결한 것이다. 하지만 이는 '모든 인터넷 사업자는 서비스를 어떠한 경우에도 차별 없이 동등하게 대우해야 한다'는 망중립성 원칙의 붕괴 논란을 일으켰다.

버라이즌이나 컴캐스트는 콘텐츠 서비스를 독자적으로 보유하고 있다. 만약 자사 서비스는 더 좋은 망을 주고 다른 회사에는 그렇지 않다면 큰 경쟁력 차이를 불러일으킬 것이다. 예를 들어 통신 서비스를 하는 KT나 SK브로드밴드(SK텔레콤의 자회사)는 독자적으로 올레TV, B TV 등을 하고 있는데 자사 서비스는 망 품질이 좋게 하고 다른 회사는 그렇지 않게 한다면 불공평할 뿐만 아니라 공정 경쟁에도 위배될 수 있다.

넷플릭스는 이번 계약의 달콤한 대가를 얻어냈다. 넷플릭스는 컴캐스트와의 계약으로 2014년 3월 동영상 스트리밍 평균 속도가 1월 대비 66% 뛰어올라 초당 2.5메가비트$_{Mb}$에 달했다는 조사 결과를 얻었다. 버라이즌과의 계약으로 네트워크 서비스 평균 속도는 초당 1.91Mb에서 크게 오를 것으로 예상된다.

넷플릭스의 계약과 FCC의 판결로 인터넷은 새로운 국면에 접어들었다. 제2, 제3의 넷플릭스가 등장할 것이며 전 세계 통신 사업자들은 별도로 과금하기 위해 정책을 개발할 것이다. 또 각국 통신 규제당국은 '망중립성' 이슈를 다시 검토하기 시작했다.

통신사들은 네트워크를 유지하는 데 막대한 비용을 투자하고 있으나 넷플릭스와 같은 회사들이 무임승차$_{free\ riding}$하고 있다고 비판하고 있다. 망중립성 논쟁은 이제 시작이다. 세계적으로 파장이 커질 것으로 예상된다. 넷플릭스가 불을 지폈다.

야후는 왜 드라마 제작에 나섰나?

야후 최고경영자인 마리사 메이어가 가장 많이 받는 질문 중 하나는 이것이다.

"야후는 포털인가요, 미디어인가요?"

야후는 자체 검색엔진을 보유하고 이를 통해 사업도 하지만 구글이 등장한 이후 야후에 접속하는 목적이 검색이 아닌 뉴스를 보고 확인하는 것으로 바뀌었기 때문이다.

한국에서는 야후코리아가 서비스를 문 닫았지만 미국에서는 아직 기세를 올리고 있다. 구글이 검색엔진과 모바일로 온·오프라인 세계를 평정한 이후 야후는 '미디어 포털'로 자리 잡고 있다. 뉴스를 일목요연하게 확인하기 위해 구글보다 야후에서 보는 것이 편하고 기업 정보를 얻기 위해서는 구글로 검색하는 것보다 '야후 파이넨스'에서 확인하는 것이 편리하다. 야후만 놓고 보면 한국의 네이버처럼 뉴스를 큐레이션하는 서비스로 인식될 만하다.

실제 마리사 메이어 CEO는 2014년 1월 미 라스베이거스에서 열린 가전제품 박람회CES: Consumer Electronics Show 기조연설에서 "정보 홍수 시대에 소비자는 원하는 정보를 얻기 어렵다. 우리는 복잡한 것을 단순하고 분명한 것으로 바꿀 것이며 그 중심에 모바일과 미디어가 있다"고 밝히기도 했다.

마리사 메이어는 기조연설 직후 '야후 테크'를 선보였다. 정보기술 관련 뉴스를 한눈에 보여준다. 이를 위해 〈뉴욕타임스〉에서 테크 지면과 블로그를 운영하던 데이비드 포그를 부사장으로 영입하기도 했으며 영국 10대 소년 닉 댈로이시오로부터 3000만 달러에 인수한 섬리Summly를 활용해 스마트폰으로 매일 오전, 오후 뉴스를 2번 요약 정리해주는 애플리케이션 '야후 뉴스 다이제스트'도 2014년 5월 선보였다.

미디어 제국을 향한 야후의 시선은 뉴스에서 비디오로 옮겼다. 마리사 메이어 CEO는 온라인 동영상을 경영 쇄신 전략의 중심축으로 삼았다. 야후는 케이블TV 방송사와 넷플릭스 같은 스트리밍 서비스에서 제공하는 수준의 '오리지널 제작물_{original programming}'에 출사표를 던졌다.

웹 시리즈물 4편을 제작할 예정이다. 비디오 동영상의 관행과 달리 단편 웹 시리즈물이 아닌 편당 30분 분량의 코미디 10편을 제작할 계획이다. 영화 〈내 여자친구의 결혼식〉(2011)을 만든 폴 페이그 감독과 TV 시리즈 〈스몰빌〉의 프로듀서 마이크 톨린에게 코미디 시리즈 제작을 맡겼다. 한 에피소드당 예산은 70만 달러에서 200만~300만 달러까지 들어갈 예정이라는 후문이다. 이를 통해 TV 시리즈와 당당히 어깨를 나란히 하겠다는 것이다.

마리사 메이어는 〈SNL(새터데이 나이트 라이브)〉 같은 프로그램과 함께 자체 제작 시리즈 등 양질의 비디오 콘텐츠를 제공해서 사용자들이 야후 사이트에 오래 머물며 비디오 광고를 보게 만드는 것을 목표로 하고 있다. '야후 코미디 라인업'의 일부로 야후 스크린에서 비디오 플랫폼 형식으로 방영될 예정이다. 또 광고주들 사이에서 인지도가 제고될 수 있다. 원래 TV에 게재하려던 광고 예산의 일부를 야후에 집행하도록 광고주들을 설득할 수도 있기 때문이다.

야후의 최고마케팅경영자_{CMO} 캐시 새빗은 블로그에 "코미디 프로그램 제작은 IT 회사로서는 처음일 것이다. 여러분이 언제 어디서든 신선하고 혁신적인 새로운 쇼들을 시청할 수 있도록 엔터테인먼트의 최고 전문가들과 함께 열심히 일하겠다"고 말했다.

야후뿐일까? 핀터레스트도 오리지널 시리즈를 만들겠다고 선언했다.

핀터레스트는 TV 홈 디자인쇼 〈위 아 무빙 인 We are moving in〉을 제작할 예정이다. 자체 네트워크가 아닌 A&E네트워크가 새롭게 론칭하는 라이프스타일 채널 FYI에서 방송될 예정이다. 매주 방송하는데 에피소드마다 새로운 하우스 메이트가 핀터레스트의 디자인에 영감을 받아 집을 꾸민다는 스토리다. 하우스 메이트가 새집의 데코레이션을 핀터레스트에서 아이디어를 얻고 이를 또 핀터레스트에서 공유한다는 내용이다. 각 에피소드마다 1시간 30분짜리 방송이 될 예정이다. 물론 야후처럼 자체 제작하는 것이 아니라 핀터레스트와 A&E네트워크의 협업을 통해 만들어지는 쇼다.

하지만 플랫폼 업체이자 소셜네트워크서비스 '핀터레스트'의 콘텐츠 제작 실험은 주목을 받을 것이 확실하다.

고급 TV 시리즈물 시장은 막대한 비용이 들어가고 경쟁도 치열하다. 케이블TV, 위성방송, 인터넷 등 플랫폼도 다양하고 장르도 많아서 성공한 시리즈보다 실패한 작품이 더 많은 것은 당연하다. 한 번 방송되고 사장된 드라마가 얼마나 많을지는 짐작하고도 남는다. 미디어 분야에서 플랫폼으로 자리 잡기 위해서는 도박과 같은 수준의 결단이 필요하고 'TV 시리즈 자체 제작'은 가장 큰 도박이자 비교적 당첨 확률이 높은 도박임을 넷플릭스가 증명했다.

아마존은 넷플릭스의 영향을 가장 많이 받았고 가장 강력한 도전자 중 하나다. 아마존은 지난 2010년 설립한 영상 콘텐츠 자회사 '아마존 스튜디오'를 통해 드라마 제작 과정의 틀을 바꾸고 있기도 하다.

아마존의 오리지널 TV 시리즈 〈알파 하우스〉. 많은 면에서 넷플릭스의 영향을 받은 작품이다.

기존 TV 방송사들은 드라마를 방영할 때 시청자 의견 반영 없이 내부 경영진의 판단에 따른다. 직관에 의존하는 것이다. 하지만 아마존은 사이트에 자체 제작 드라마의 파일럿 프로그램 일부를 공개하고 시청자 반응을 모아 드라마 방영 여부를 정할 때 중요한 판단 기준으로 삼는다.

아마존 스튜디오는 심사를 통과한 드라마 시나리오 중 일부를 파일럿 프로그램으로 만들어서 사이트와 유튜브에 올린 후 시청자들의 반응을 꼼꼼히 조사한다. 별점, 내용, 출연 배우에 대한 취향 등 세세하게 집계한다. 그리고 드라마 방영이 결정된 후 시청률이 높으면 드라마 작가에게 수익의 5%를 배분한다. 상황에 따라 회당 원고료도 추가로 배분한다. 회당 2500~4000달러(약 265만~425만 원)의 추가 원고료도 지급한다.

아마존 스튜디오의 〈알파 하우스_{Alpha House}〉는 이 같은 과정을 거쳐 제작됐다. 〈알파 하우스〉는 상원의원들의 일상을 그린 코미디물로 미국 상원의원의 일반적 모습을 그렸다. 2013년 첫 시리즈가 방송됐는데 반응이 좋아 2014년 2월 두 번째 시리즈가 제작됐다.

빨간 봉투 혁명, 넷플릭스의 역사

20세기를 살았던 사람이라면 동네 '비디오 대여점'을 모두 기억할 것 같다. 비디오 대여점이 성업했을 때는 골목을 돌 때마다 비디오 대여점이 있었다. 사정이 있어 극장에서 미처 보지 못했던 〈터미네이터1〉이나 〈타이타닉〉, 〈아마겟돈〉 등은 비디오로 빌려 집에서 봤다. 비디오 대여점 주인과 연체료 실랑이를 벌인 것은 이제 추억이 됐다. 사실 연체료를 제대로 내본 적이 없는 것 같다. 연체료를 내야 하면 다른 비디오 대여점에 가면 됐으니까.

DVD 시대의 추억은 조금 다르다. DVD는 주로 P2P 사이트에서 영화를 내려받아 용산 전자상가에서 구매한 DVD 라이터Writer로 구워서 영화를 봤다. DVD는 대여한 기억이 거의 없다. 〈반지의 제왕〉

같은 시리즈는 직접 DVD를 구매했으며 나머지는 거의 P2P로 내려
받았다.

비디오테이프 시절에는 가치사슬이 명확했다. 영화 제작사가 영
화를 제작하면 1차로 극장에 상영하고, 2차로 비디오 시장에 내놓으
며, 3차로 지상파 방송, 4차로 케이블 방송으로 흘러갔다. 이때는 영
화 제작사부터 극장, 심지어 비디오 대여 소매점까지 고루 혜택을 누
릴 수 있었다.

하지만 DVD 시대가 오면서 달라졌다. 급작스런 변화에 비디오 대
여점은 없어졌고 P2P 업자가 돈을 벌게 됐다. 콘텐츠 제작사도 가치
사슬이 끊겨서 어렵기는 마찬가지였다. 극장은 대형화되어 살아남은

넷플릭스에서 DVD를 주문하면 집으로 배달되는 봉투. 그래서 넷플릭스는 빨간 봉투로 유명했다.

업체만 거대한 체인을 만들어 운영하게 됐다.

거대 시장 미국도 기술 변화에 따라 영화 및 주변 산업이 크게 변했다. 가장 큰 사건 가운데 하나는 초대형 비디오 대여점 '블록버스터BlockBuster'가 파산한 것이다. 그리고 그 변화의 중심에 '넷플릭스'가 있었다.

〈아폴로13〉 비디오 연체료가 만든 넷플릭스

넷플릭스는 현 CEO인 리드 헤이스팅스가 지난 1997년 설립한 회사다. 리드 헤이스팅스가 처음부터 비디오 렌털 사업을 했던 것은 아니었다. 그는 스탠퍼드대학 컴퓨터과학과를 졸업하고 소프트웨어 업체 어댑티브 테크놀로지Adaptive Technology에 입사했다가 그만두고 1991년 '퓨어 소프트웨어Pure Software'를 설립하면서 자신의 비즈니스를 시작했다.

넷플릭스는 1997년 마크 란돌프Marc Randolph와 함께 캘리포니아 로스 가토스에서 공동창업했다.

리드 헤이스팅스가 넷플릭스를 창업하게 된 계기는 바로 연체료rate-fee 때문이었다. 비디오 렌털이나 영화, TV 드라마에 대한 대단한 애정으로 회사를 시작하지는 않았다.

기자 출신 저자 지나 키팅Gina Keating이 쓴 넷플릭스의 일대기 《넷플릭스트NETFLIXED》에 따르면 리드 헤이스팅스는 "내 회사(퓨어 소프트웨

넷플릭스의 창업 역사를 알 수 있는 지나 키팅의 《넷플릭스트》

어)가 M&A 된 직후부터 넷플릭스 아이디어가 생각났다"고 밝혔다.

헤이스팅스는 "영화 〈아폴로13〉을 빌려 봤는데 사정이 생겨서 6주간 연체를 하게 됐다. 그런데 연체료가 40달러나 나왔다. 나의 실수였다. 하지만 와이프에게 얘기하고 싶지는 않았다. 그리고 나 혼자 체력단련실에 갔을 때 더 좋은 비즈니스 모델이 생각났다. '한 달에 30달러나 40달러를 내고 원하는 만큼 빌려 보면 되지 않나'라는 것이었다"고 회고했다.

또 "나는 DVD에 대해 잘 몰랐다. 내 친구가 DVD 시대가 올 것이라고 얘기해주더라. 그래서 산타크루즈에 있던 타워 레코드_{Tower Records}에 달려갔고 CD를 사서 나에게 우편으로 보내봤다. 이 우편이 24시간 후에 도착하더라. 봉투를 뜯어 봤는데 아무 이상이 없었다. 이것은 나에게 큰 경험이 됐다"고 회상했다.

넷플릭스는 모바일 스트리밍 회사로 변신하기 전에 DVD 렌털 회사였다. 처음에는 우편을 통한 DVD 대여 회사로 성장했으며 이후 스트리밍 방식을 통해 영화와 TV 프로그램을 제공하는 사업자가 됐다. 둘 다 하다가 지금은 DVD 렌털 사업은 분사시킨 상태다.

영화, 드라마를 DVD로 담아 우편으로 전송한다는 것이 스트리밍으로 본다는 것으로 바뀌었을 뿐 '영상 콘텐츠 렌털 사업'이라는 본질은 변하지 않았다. 비즈니스 모델이 광고를 배제한 '유료 가입제_{subscription model}'라는 점도 창업 이후 지금까지 변하지 않았다.

넷플릭스가 무너뜨린 블록버스터는 6000여 매장을 운영한 미국 내 굴지의 비디오 렌털 업체였다. 시대의 변화에 적응하지 못하고 2010년 9월 파산 선고를 했다. 월마트도 넷플릭스와 같이 우편으로 비디오를 배송하는 사업을 자신들의 유통 채널을 통해 시도했지만 2005년 포기했다.

블록버스터의 핵심 비즈니스 모델 중 하나가 바로 '연체료'였다. 비디오를 대여해주고 정해진 기간(3~4일) 내에 반납하지 않으면 연체 수수료를 부과했는데 이러한 정책은 소비자들의 주요 불만사항이었다. 여러 가지 사정으로 제때 반납하지 못할 수 있기 때문이다. 블록버스터는 대형 몰에 입점해 있는 상태였다. 동네 골목골목 블록버스터 숍이 있었다. 하루 이틀 늦어도 수수료를 물렸고 블록버스터에 연체 수수료는 상당한 수익원이 됐다.

리드 헤이스팅스에게 '불만'은 곧 기회였다. 40달러에 가입하고 가입자가 PC로 DVD 대여 신청을 하면 DVD를 우편으로 보내준다. 가입자가 PC를 통해 대여 목록을 체크하면 넷플릭스는 우편을 통해 목록 첫 번째에 있는 DVD를 배송한다. 넷플릭스는 빨간 봉투에 DVD를 넣어 보내줘서 '빨간 봉투'로 유명했다. 가입자는 기간에 상관없이 DVD를 볼 수 있다. 반납할 때는 DVD를 받을 때 받은 반송용 봉투에 담아서 우체통에 넣으면 된다. 반송된 DVD가 넷플릭스에 도착하면 대여 목록에 예약되어 있는 두 번째 DVD가 집으로 배송되는 방식이었다.

소비자 입장에서는 연체 수수료 부담 없이 DVD를 이용할 수 있는 것이 장점이었다. 또 DVD를 빨리 보고 바로 반납하면 다음 DVD가 도착하기 때문에 빨리 돌려보낼 '동기'도 있었던 것이다.

넷플릭스 입장에서는 정액제이기 때문에 더 많은 가입자를 받으면 수익이 나는 데다 DVD가 늦게 들어오면 배송해야 할 DVD가 줄어들어 배송비를 절약할 수 있다. 빨리 들어오면 배송비는 많이 들지만 DVD 회전율은 높아지게 된다.

이같이 합리적 모델은 비디오 대여 고객에게 큰 호응을 얻었다.

가입자를 도입한 1999년부터 2002년까지는 가입자 규모보다 우편배송비가 커 순손실을 기록했지만 2003년 150만 명을 돌파하면서 흑자를 내기 시작했다. 이후 가입자가 늘면 수익도 늘어나는 선순환 구조가 만들어져 안정적으로 사업할 수 있게 됐다.

리드 헤이스팅스는 여기에서 멈추지 않았다. 2007년에는 온라인 DVD 스트리밍 서비스도 도입했다. 가입자에게 추가 비용을 내지 않고 스트리밍 방식으로 영화와 TV 프로그램을 시청할 수 있도록 했다.

이것도 묘안이었다. 40달러의 월정액은 유지하면서 소비자 선택에 따라 DVD 배송을 하지 않아도 되어 배송료를 아낄 수 있었다. 소비자 입장에서도 추가 비용 부담 없이 온라인으로 DVD를 볼 수 있어서 더 편리하게 영화나 TV를 볼 수 있다는 장점이 있었다. 이 전환은 미디어 콘텐츠 소비 시장이 디지털화하면서 넷플릭스가 선점 효과를 누리게 된 결정적 계기가 됐다.

위기의 시작

넷플릭스가 창업 이후 언제나 승승장구만 했던 것은 아니다. 리드 헤이스팅스는 사임 위기에까지 몰릴 때가 있었다.

2011년 여름, 헤이스팅스는 별이 반짝이는 해변에서 한 친구에게 "비밀스러운 사업 계획이 있다"며 "통합 운영하고 있는 온라인 영화 스트리밍 서비스 부문과 DVD 우편배달 서비스 부문의 사업을 분리하겠다"고 털어놨다. 넷플릭스 가입자였던 친구는 "매우 놀라운 일이지만 난 두 서비스의 이용료를 따로 내고 싶은 생각이 전혀 없다"며 반대했다.

하지만 헤이스팅스는 자신의 계획을 밀어붙였다.

2011년 7월, 넷플릭스는 '유료 가입' 정책 변경을 전격적으로 발표했다. DVD 렌털 가격은 20% 내리는 대신 그동안 무료였던 스트리밍 비디오 서비스에 과금을 하겠다는 정책이었다.

전통적으로 넷플릭스의 빨간 봉투에서 DVD를 보던 이용자들은 가격이 낮아져 좋았겠지만 비디오 스트리밍으로 즐기던 가입자들은 크게 반발했다. 스트리밍 편당 과금제로 전환을 의미하는 것인데 이는 60% 정도 가격 인상 효과가 있기도 했다.

넷플릭스 CEO 리드 헤이스팅스(자료: 〈LA타임스〉)

대규모 넷플릭스 탈퇴 움직임이 나타났다. 결국 80만여 명의 유료 회원이 탈퇴하고 10년 만에 순익이 감소하고 주가는 폭락했다.

이에 대해 코드 윌라드 블로그 월스트리트올스타닷컴 대표 겸 펀드매니저가 "넷플릭스의 경영진은 〈대부3〉 DVD를 반납한 것보다 훨씬 빠른 속도로 자신들의 브랜드와 전 사업을 파괴하고 있다"고 평가했을 정도로 분위기는 나빠졌다.

리드 헤이스팅스는 "새로운 과금 정책에 대해 PR을 잘못했다"며 잘못을 인정했다. 넷플릭스 이사회는 리드 헤이스팅스가 받게 될 스톡옵션을 반으로 줄였다.

2개월 후 헤이스팅스는 회사를 아예 환골탈태하기로 선언한다. 회사의 큰 수익을 가져다준 DVD 렌털 사업을 사실상 버리고 온라인 스트리밍 업체로 변신하겠다는 것이다. 2011년 9월 DVD 비즈니스는 '퀵스터Qwikster'란 브랜드로 분사시키고 넷플릭스는 스트리밍 사업만 남겼다.

대혼란이었다. 결국 분사 결정은 채 한 달도 지나지 않아서 번복됐다. 사업 분리 발표 후 계속되는 고객 항의와 불만으로 2011년 10월 10일 넷플릭스는 애초 DVD 우편배송 사업의 분리 방침을 공식적으로 철회했다. 고객들의 불만은 명확했다. DVD를 우편으로 받아 보기 위해 퀵스터 웹사이트를 찾아서 가입, 결제한다는 것은 성가시고 번거로운 일이라는 것이다. 스트리밍 서비스를 같이 제공받기 위해서는 넷플릭스닷컴과 퀵스터 웹사이트 두 곳을 모두 방문해야 한다.

헤이스팅스는 사임하라는 압박까지 받았다. 하지만 그는 "내가 넷플릭스를 창업했다. 나는 12년간 이 사업을 만들어왔다. 잠시 실수도 있었지만 내가 한 사업을 추적해보면 매우 긍정적인 면을 발견하게 될 것이다"라며 사임을 거부했다. 그리고 잠시 혼란을 뒤로하고 스트리밍 서비스로 변신을 가속화했다.

그는 콘텐츠 스트리밍 시대가 올 것으로 굳게 믿은 것이다. '넷플릭스'란 이름을 뜯어보면 '영화(플릭스)'를 '인터넷으로 서비스한다'는 의미다. 소프트웨어 엔지니어인 그는 창업 때부터 콘텐츠 스트리밍 시대를 예고한 것인지도 모른다.

실제 헤이스팅스는 '인터넷TV'가 결국 TV의 미래임을 예견했다. 그는 창업 후 2008년 〈월스트리트저널〉 인터뷰에서 "나는 많은 사람이 비디오를 노트북laptops으로 볼 것으로 생각한다. 지금의 노트북이 아니라 5년 후 노트북을 말하는 것이다. 사람들은 계속 TV에서 영화를 보길 원한다. 이것은 의심의 여지가 없다. 그러나 노트북 스크린은 계속 진화할 것이다. 젊은 사람들은 노트북에서 계속 생활하게 될 것이다"라고 말했다.

넷플릭스는 2007년에 스트리밍 서비스를 시작했다. 넷플릭스의 스트리밍 서비스는 회사의 분기점이 됐다. 1997년 창업한 이후 10년 만에 재창업을 한 셈이다. 공교롭게도 이때는 아이폰이 등장한 해이기도 했다.

리드 헤이스팅스는 "우리는 25세 이하 젊은 사람들이 그들의 PC에서 스트리밍으로 보는 사람이 많다는 것을 찾았다. 우리는 더 수익을 올리고 빅 스크린으로 나갈 것이다"라고 말했다.

넷플릭스의 변신과 헤이스팅스의 도박은 곧 성공할 것이란 평가를 받았다. 1년 만에 넷플릭스가 스트리밍 분야에서 미국 내 시장점유율로 애플을 제치고 1위에 올랐다는 희소식을 접했다. 미국 내 넷플릭스의 온라인 동영상 부문 사업 매출 점유율이 2010년에는 1%도 채 안 됐는데 2011년에는 44%로 뛰어올라 9억 9200만 달러를 기록했다는 것이었다.

같은 기간 애플 점유율은 60.8%에 육박했는데 1년 새 32.3%로 반토막 났다는 분석도 나왔다.

넷플릭스, 어떻게 미디어를 파괴했나?

넷플릭스는 잘나가던 비즈니스 모델(DVD 렌털)을 파괴하고 미래를 보고 적극적인 변신에 성공한 대표적 기업으로 꼽힌다. 그리고 할리우드LA가 아닌 실리콘밸리에서 나온 콘텐츠 플랫폼 기업이라는 데 의미가 있다. 즉 콘텐츠 비즈니스를 실리콘밸리 방식으로 바꿔놓은 것이다.

우편배송을 통해 연체료를 없애고 스트리밍 방식을 통해 온라인 대여 서비스를 도입한 것은 철저하게 수요자 관점에서 만든 것이다.

우편배송은 기존 DVD 방문 대여와 비교해보면 배송 시간을 줄이는 것이 관건이다. 넷플릭스는 이용자들이 온라인으로 대여 리스트를 쉽게 작성할 수 있는 사용자환경UI을 만들었고 주문 후 24시간 내에 DVD를 받아 볼 수 있도록 하기 위한 배송 소프트웨어를 만들었다. 토요일 배송을 하고 가입자들이 원하는 영화를 쉽게 찾을 수 있도록 영화 추천 알고리즘을 만든 것도 실리콘밸리 기업이기 때문에 가능한 것이었다.

스트리밍 기업으로 변신한 이후에는 새로 등장하는 각종 디바이스에 넷플릭스 앱을 만들었다. 2008년 마이크로소프트 Xbox360, 소니 플레이스테이션3, 닌텐도 Wii 등 게임기에서도 넷플릭스 콘텐츠를 시청할 수 있도록 했다.

삼성, LG, 소니 등의 스마트TV가 나와도, 로쿠Roku나 티보TiVo 등 인

안방에서 보는 극장. 넷플릭스는 현재 40개국에 진출, 4800만 가입자를 확보한 대형 미디어 플랫폼이 됐다.

터넷 연결 셋톱박스에도, 아이폰이나 아이패드, 갤럭시 등 스마트 디바이스에도 어김없이 가장 먼저 넷플릭스 앱이 등장할 수 있도록 적극적으로 제휴를 했다.

넷플릭스는 실리콘밸리 기업답게 2008년 10월부터 API를 적극 공개, 버그를 잡아내고 개발자 협력을 이끌어냈으며 심지어 핵심역량인 추천 알고리즘도 적극적으로 바꿨다.

넷플릭스는 개발자들에게 자신이 가지고 있는 영화, TV 프로그램에 대한 정보와 사용자의 대여 정보에 접근할 수 있도록 함으로써 이를 활용한 다양한 애플리케이션을 개발해 판매할 수 있도록 했다.

넷플릭스는 시가총액 241억 달러(약 24조 7350억 원)에 달하는 거대 미디어 플랫폼 회사가 됐다.

넷플릭스는 "가입자들은 언제 어디서나 비디오를 켜고 멈추고 다시 켤 수 있다. 광고 없이 콘텐츠를 즐길 수 있다"고 강조한다. 40여 개국에서 4800만 가입자들이 넷플릭스에서 콘텐츠를 즐기고 있다. 이 같은 전략은 넷플릭스뿐만 아니라 많은 미디어 회사들이 실행하고 있는 것이다. 하지만 모두 성공하지 않았지만 넷플릭스는 성공했다.

그 비결은 창업부터 지금까지 이어온 정신, 즉 '가입자들이 언제, 어떻게 그들의 엔터테인먼트를 즐기는가를 고려한다'는 것에 있다.

다른 미디어 회사와 달리 테크놀로지의 변화를 두려워하지 않고 적극 수용했으며 '가입비'라는 간결하고 강력한 비즈니스 모델을 유지해 투자자들을 만족시켰다. 그리고 넷플릭스의 '엔지니어 문화'는 오늘까지 이어온 힘이 됐다.

넷플릭스를 만든 힘은 기업 문화다 :
자유와 책임

넷플릭스에 근무하는 A씨와 대화하다가 놀란 적이 있다. A씨는 "넷플릭스는 빨간 날이 없습니다. 계약할 때부터 정해놓습니다. 공휴일이 없다고. 대신 원할 때 쉽니다. 매니저의 승인이 있으면 언제든지 쉴 수 있습니다."

공휴일이 없다고? 그렇다. 넷플릭스에는 크리스마스, 추수감사절, 독립기념일 등 누구나 쉬는 '빨간 날'이 없다. 물론 이날은 법정 공휴일이다. 하지만 넷플릭스는 법정 공휴일이 트래픽이 가장 몰리는 날이다. 가입자들이 집에서 넷플릭스를 쉼 없이 돌리기 때문에 1년 중 가장 바쁜 날이 공휴일이다. 공휴일에는 넷플릭스의 추천엔진이 쉼 없이 돌아간다.

넷플릭스 직원들은 공휴일에 쉴 수가 없다. 넷플릭스는 미국뿐만 아니라 캐나다, 영국, 아일랜드, 네덜란드 등 40개국에서 서비스한다. 더구나 각 나라마다 공휴일이 다르다. 관리자들이 각국 공휴일, 트래픽이 몰리는 날에는 긴장해야 한다.

회사 입장에서는 일률적으로 쉬는 날을 없애고 상황에 맞게 쉬는 게 좋을 수 있다.

이 같은 트렌드는 넷플릭스뿐만 아니라 최근 많은 실리콘밸리 신생기업이 도입하고 있다. 글로벌 서비스를 하는 만큼 상황에 맞게 노동 시간을 조정하겠다는 것이다. 어떻게 보면 합리적이기도 하지만 직원 입장에서는 좋은 노동 환경은 아닐 것이란 생각이 든다.

A씨도 "언제든지 쉬라고 하지만 회사에서 시도 때도 없이 쉬는 직원은 별로 없다. 공휴일에도 나가서 일하는 게 자연스러운 문화가 됐다. 힘든 것이 사실이다. 콘텐츠·플랫폼 회사이지만 소프트웨어 엔지니어들이 직원들의 대부분이어서 그런지 크게 불만을 나타내지는 않는 것 같다"고 말했다.

이같이 넷플릭스 직원들의 불만이 적은 이유는 '빨간 날'을 없애고 경영진들이 자유롭게 해고를 할 수 있게 하는 등 노동 유연성을 극대화하는 대신 천문학적인 연봉을 안겨주기 때문이다.

넷플릭스에 근무했고 현재 별도의 스타트업을 설립한 에릭 킴_{Eric Kim} 씨는 "넷플릭스 직원들은 일반인들이 상상할 수 없는 연봉을 받는다. 업무 환경도 매우 좋다. 정직원으로 채용되던 날 내 책상 앞에는 PC 2대가 설치됐다. 그렇게 원하니 회사에서 설치해줬다. 아이폰, 안드로이드 등 어떤 디바이스든 원하면 구매해준다. 소프트웨어 엔지니어들이 업무 외에는 걱정하지 않아도 될 만한 충분한 혜택을 준다"라고 설명했다.

실제로 넷플릭스는 실리콘밸리의 수많은 기업 중에서도 평균 연봉이 높기로 유명하다. 글라스도어[2]에 따르면 고참급 소프트웨어 엔지니어Senior Software Engineer는 평균 연봉이 19만 6724 달러(약 2억 174만 원)이며 임원(디렉터)은 평균 연봉 22만 7969달러(2억 3378만 원)를 준다.

빨간 날이 없는 넷플릭스

전·현직 넷플릭스 직원의 설명은 지금의 문화를 말해주는 것이기도 하다. 리드 헤이스팅스는 2009년 8월 〈넷플릭스 문화: 자유와 책임–우리는 탁월함을 추구한다We Seek Excellence〉라는 기업 문화를 설명하는 문서(파워포인트)를 올려 화제가 됐다.

이 문서는 '문화 문서Culture Doc'라고 대명사처럼 불려서 실리콘밸리 문화에 깊은 영향을 주고 있다. 페이스북 최고운영책임자COO인 쉐릴 센드버그는 이 문서에 대해 "실리콘밸리에서 나온 가장 중요한 문서일 것이다May be the most important document to ever come out of the Valley"라고 평가했을 정도다.

이 문서에서 헤이스팅스는 넷플릭스가 중요시하는 '7가지 관점'에 대해 설명한다.

그는 "우리는 프로 스포츠팀과 같이 움직여야 한다. 최고의 업무

Netflix Culture:
Freedom & Responsibility

환경은 회사에 에스프레소 머신이 있고 초밥을 공짜로 주는 것이 아니다. 최고의 직장 동료와 함께 일할 수 있도록 만드는 것이 최고의 업무 환경이다"라며 넷플릭스의 7가지 기업 문화에 대해 설명했다.

126장짜리 파워포인트에서 강조한 리드 헤이스팅스의 핵심 메시지는 다음과 같다. 한국을 포함한 아시아의 많은 기업이 참고할 만하다. 많은 기업이 회사가 커지면서 핵심 정신을 유지하지 못하고 관료화되는 것이 고민이다. 넷플릭스는 이를 어떻게 해결하고 있을까.

〈하버드비즈니스리뷰〉에서는 '넷플릭스는 어떻게 HR을 바꾸었나'라는 주제의 특집 기사를 게재하기도 했다.

헤이스팅스는 "법정 파산을 한 엔론Enron의 회사 로비에는 다음과 같은 문구가 있다. '통합Tntegrity, 소통Communication, 존중Respect, 탁월함Excellence.' 그리고 엔론은 파산했고 그들의 모토처럼 행동하지 않았다.

진짜 회사의 가치는 좋은 빌딩이나 환경이 아니다. 보상이 확실해야 하고 승진할 수 있어야 하며 직원들이 하고 싶은 대로 할 수 있어야 한다. 회사의 가치는 직원들의 행동에서 나온다"라고 시작한다.

리드 헤이스팅스의 '기업 문화'에 대한 강조는 오늘까지 성공한 넷플릭스를 만든 가장 핵심적인 힘이다. 이것을 이해하지 못하면 넷플릭스를 이해할 수 없을 것이다.

① 판단력: 직원들은 수많은 불확실성에서도 현명한 판단을 내려야 한다.

② 우리는 가족이 아니다. 팀이다. 우리는 프로 스포츠 팀처럼 움직여야 한다. 아이들의 레크레이션 팀처럼 돼서는 안 된다. 넷플릭스의 경영진은 직원들을 고용하고 개발하며 현명하게 잘라낼 것이다. 우리는 모든 포지션에서 스타들을 보유할 것이다.

③ 항상 솔직해야 한다. 의견을 숨겨선 안 된다. 리더로서 내놓은 의견에 직원들이 놀라서는 안 된다.

④ 재능 있는 직원이 더 많을수록 더 많은 성취를 해낼 수 있다.

⑤ 우리는 더 위대한 성취를 만들기 위해 서로 돕는다.

⑥ 회사에 대한 충성은 좋다. 안정성을 위함이다. 그러나 비효율적인 직원의 무한 충성은 반갑지 않다.

⑦ 열심히 일하는 직원도 좋다. 하지만 우리는 얼마나 일했는지는 따지지 않는다. 우리는 얼마나 성취했는가를 따진다. A급의 노력을 기울였음에도 B급 성과를 내면 해고될 수도 있다. 하지만 최소한

의 노력에도 A급 성과를 내면 더 많은 책임을 부여받고 돈도 받을
수 있을 것이다.

⑧ 왜 우리는 높은 성취를 강조하는가. 일반적 업무_{procedural work}는 평균
보다 2배 정도 잘하면 최선이다. 하지만 창의적·창발적 업무는 평
균보다 10배는 더 성취해야 한다.

⑨ 우리가 요구하는 높은 수준의 성취가 모든 직원에게 맞는 것은 아
니다. 어떤 직원들은 직업의 안정성을 더 추구하기도 한다. 변화를
추구하고 우리 문화를 좋아하는 직원들은 더 높은 보상을 받는다.
그렇지 못한 직원들은 넷플릭스 문화를 두려워하고 때로는 정치적
조직이라고 평가하기도 한다. 우리는 높은 성취를 좋아하는 직원
이 매력적으로 생각하는 회사를 만들 것이다.

⑩ 책임감 있는 직원들은 자유를 추구한다. 그래서 우리는 자유를 중
시한다. 우리는 9시 출근 5시 퇴근제 같은 것은 없다. 휴가도 자유롭
게 쓸 수 있다. 휴가를 며칠 가는지를 따질 필요가 없다. 우리는 회
사에서 드레스코드 같은 것도 없다. 그래도 회사에 나체로 오는 직
원이 없다. 그래서 우리는 어떤 '정책'도 필요 없다는 것을 알게 됐다.

⑪ 많은 회사에 직원들의 여행, 선물, 비용 등등에 대한 복잡한 규정
이 있다. 우리는 규정이 없다. 다만 여행 갈 때도 '만약 내 돈으로
여행 간다면', 비용을 지출할 때도 '일하는데 이것이 없다면'으로
생각하고 지출하라.

⑫ 우리의 '자유와 책임 문화'에 대해 많은 사람이 회사가 커지면 힘들
것으로 생각했다. 하지만 2002년 회사가 상장한 이후에도 재능 있

는 직원들이 더 많이 왔으며 직원들의 자유도 늘어났다. 자유와 책임이란 우리가 성장할수록 규칙(룰)을 최소화한다는 원칙이다. 길게 봤을 때 유연성은 효율성보다 더 중요하다.

⑬ 통제가 아니다. 컨텍스트다 Context, not Control. 생텍쥐페리의 《어린 왕자》에 보면 "당신이 배를 만들고 싶다면 사람들에게 목재를 가져오게 하고 일을 지시하고 일감을 나눠 주는 일을 하지 마라. 대신 그들에게 저 넓고 끝없는 바다에 대한 동경심을 키워줘라"라는 말이 나온다. 최고의 리더는 직원들을 컨트롤하는 것이 아니라 맥락(컨텍스트)을 이해할 수 있도록 해야 한다. 컨텍스트에 투자하라.

Seven Aspects of our Culture

- Values are what we Value
- High Performance
- Freedom & Responsibility
- Context, not Control
- Highly Aligned, Loosely Coupled
- Pay Top of Market
- Promotions & Development

NETFLIX

넷플릭스의 문화를 설명한 문서. 여기에서 리드 헤이스팅스는 넷플릭스의 핵심 정신에 대해 설명했다.

성과 중심 문화가 만든 결과물

이 같은 넷플릭스 고유의 기업 문화를 만든 것은 리드 헤이스팅스의 개인 경험에서 나왔다. 그는 처음 창업한 퓨어 테크놀로지에서 회사 성장에 따른 문제를 발견했다. 그는 회사가 성장하더라도 앙트러프러너십을 잃지 않는 회사를 만들기 원했다. 넷플릭스는 그의 이론을 만드는 테스트베드와 같았다.

앞서 언급했듯 넷플릭스는 평균 연봉이 높기로 유명하다. 대신에 해고 프로그램이 있다. 높은 성과에 따른 보상. 그렇지 않은 것에 대해 책임을 지우는 것에 대해 명확한 원칙을 세웠다. 빨간 날이 없는 대신 언제든 쉴 수 있게 했다.

따라서 넷플릭스가 '일하기 좋은 회사'로 평가받지는 않는다. 대신 초고속으로 성장하는 미디어 시장, 엔터테인먼트 분야의 파괴자가 됐고 직원들은 성과에 대한 높은 보상을 받고 있다.

넷플릭스의 성과는 아직 진행형이다. 여전히 시장을 파괴하고 새로운 미디어를 창조해내면서 실리콘밸리의 가장 무서운 기업이 됐다.

그렇다. 그들은 여전히 동사다.

3장 주

1) http://www.ni-tekna.com
2) http://www.glassdoor.com/Salary/Netflix-Salaries-E11891.htm

AMAZON
NETFLIX
TESLA
IKEA

4장

유통의 골리앗,
아마존의 융단폭격

Disruptors

　　2014년 9월 3일, 염동훈 아마존웹서비스AWS 한국 지사장이 기자간담회를 열었다. 구글코리아 대표를 맡았던 염 대표는 2014년 1월 아마존으로 스카우트된 후 AWS 한국 지사를 담당하고 있다.

　　아마존웹서비스는 아마존의 클라우드컴퓨팅 서비스. 염 대표는 AWS의 경쟁력과 차별화 포인트에 대해 열심히 설명했다. 하지만 기자들이 정말 묻고 싶은 것은 따로 있었다.

　　"AWS 말고 아마존닷컴 등 다른 서비스는 언제 한국에 진출하나요?" 이에 대해 염 대표는 "제가 말할 수 있는 부분이 아닙니다"라고 말했다.

　　아마존닷컴의 동아시아 세일즈 총괄매니저가 2014년 5월 방한해 가진 '온라인 수출 세미나'에서도 같은 질문을 받았다. 네이트 앳킨스 매니저는 "한국에 온라인 몰을 열 것인가에 대해 관심이 많은 것으로 아는데 그에 대해 공식적으로 밝힐 수 없다"고 선을 그었다. 그는 취재진의 질문도 받지 않았다.

　　아마존닷컴의 한국 진출 여부는 초미의 관심사다. 한국의 전자상거래 관행과 불편함에 대한 불만이 높아 해외 사이트를 통한 '직구(직접 구매)' 시장이 커질수록 아마존에 대한 관심은 상대적으로 높아지고 있다.

　　아마존은 글로벌 시장 진출의 일환으로 이미 오래전 한국 시장에 관심을 보였다. 아마존은 1999년 삼성물산과 업무 협약을 맺고 한국 진출 계획을 검토했지만, 그때는 한국 대신 일본에 아마존 지사를 설립했다. 한국보다 인구도 많고 내수도 탄탄한 일본 시장에 전략적 집중을

한 것이다. 그리고 이제 일본에서 일본의 유통 거인인 라쿠텐과 함께 겨룰 수 있는 유통 기업으로 도약했다. 일본 시장에서 외국 기업으로는 몇 안 되는 성공 사례를 만든 후 이제 한국 상륙을 검토하고 있는 것으로 알려졌다.

아마존이 한국에 진출하게 되면 어떤 시장을 노릴 것인가? 먼저, 유통시장이다. 통계청 자료에 따르면 한국의 국내 온라인 쇼핑 거래액은 22조 1306억 원으로 전 세계 온라인 상거래 시장의 2% 정도밖에 되지 않지만, 시장의 잠재력은 크다. 관세청 자료에 따르면 국내 소비자의 해외 상품 직접 구매액은 9억 1100만 달러(약 9110억 원)에 달한다. 아마존 등의 서비스를 통해 해외에서 상품을 직접 구매해본 고객들은 아마존을 통해 해외 직접 구매를 할 수 있는 더욱 간편한 길이 열리면 아마존의 충성 고객이 될 가능성이 높다.[1]

그러나 해외 직접 구매 고객이 합쳐진다고 해도 한국 시장이 전 세계 온라인 상거래 시장에서 차지하는 비중은 여전히 작다. 그리고 그런 작은 시장규모에 비해 경쟁은 훨씬 더 치열하다. 특별히 한국에서는 G마켓과 옥션이 온라인 상거래 시장의 강자로 버티고 있는데, 알고 보면 둘은 한 회사다. 뒤에 버티고 있는 건 이베이이기 때문이다.

이베이는 1995년에 미국에서 시작된 온라인 상거래 시장의 대표적인 기업이며 페이팔, 스카이프 등을 인수해 보유한다. 1998년 창업한 한국 최초 인터넷 경매 서비스인 옥션은 2001년 미국 이베이에 인수된 후 (주)이베이옥션이 됐고, 이후 2011년 (주)이베이 G마켓과 합병해 (주)이베이코리아가 됐다.[2] 2011년 합병 당시 오픈마켓 내에서 G마켓의 시장점유율은 42%, 옥션의 시장점유율은 30%였다.[3] 아마존으로서는 이미 이베이가 한국 시장을 잠식하고 있는 상황에서 유통시장을 뚫기가 쉽지 않다.

그리고 아마존이 자랑하는 배송 속도도 한국에서는 그다지 매력이 없다. 한국은 인구가 수도권에 밀집되어 산간벽지에 살지 않는 이상 배송 속도는 충분히 빠르다. 깐깐한 국내 소비자 기준에 맞춰진 국내 온라인 쇼핑몰의 운영 정책도 아마존의 기준에 크게 떨어지지 않는다. 아마존이 현재 들고 있는 카드로서는 유통시장의 빈틈을 노리기가 쉽지 않다. 마진율이 낮은 회사인 아마존으로서는 성장의 속도가 낮다면 치고 들어갈 이유가 없다.

대신에 아마존이 노릴 만한 빈틈은 국내 디지털 콘텐츠 시장이 될 가능성이 있다. 구글도 한국에서는 네이버의 아성을 무너뜨리지 못했지만 동영상 검색에서는 시장을 공략하는 데 성공했다. 싸이의 〈강남 스타일〉의 성공은 국내 대형 연예기획사인 YG의 쾌거이기도 하지만, 구글의 회심의 반격이기도 하다.

온라인 광고 업계에서는 2013년 구글코리아의 온라인 광고 매출액을 200억대로 추산한다. 또 2010년 아이폰 쇼크 이후 구글에는 아이폰 대항마로서 안드로이드라는 새로운 무기가 생겼고, 한국의 높은 스마트폰 확산율, 안드로이드폰 점유율에 힘입어 구글 플레이스토어에서 한국은 일본, 미국과 함께 전 세계 매출 상위 3개 국가 중 하나가 됐다. 2013년 구글코리아의 플레이스토어 매출은 7290억 원 이상으로 추정된다. 2000년대 후반까지 구글코리아의 매출이 700억~800억 원대였던 걸 생각하면 괄목할 만한 성장이다. 2014년 3월 구글코리아가 한국에서 올린 매출은 1조 원에 달하는 것으로 보도됐다.[4]

인간은 습관의 동물이고, 습관은 경험을 통해 만들어진다. 아마존 한국 지사는 굳이 높은 벽을 쌓은 성을 공략하려 애쓰기보다는 상대적으로 허술한 벽을 뚫고 들어갈 것이다. 우선 아마존은 유통에서 G마켓, 옥션과 정면 승부를 벌이기보다는 콘텐츠로 우회하는 길을 택할 것으로 보인다. 그리고 구글이 안드로이드폰을 타고 한국 시장에 진입한 것처럼, 킨들Kindle을 통해 먼저 아마존의 콘텐츠를 보급할 수 있는 인프라를 구축할 가능성이 있다.

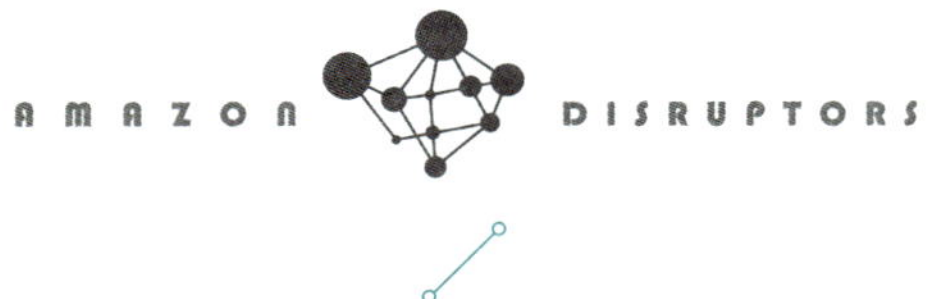

왜 아마존을 두려워하는가?

네이버, 다음카카오 등 자국 인터넷 서비스가 강한 한국의 인터넷 환경에서는 구글의 서비스가 얼마나 다양하고 강력한지 가늠하기가 쉽지 않다. 예를 들어 구글 맵은 한국에서는 위치를 확인하는 데만 사용하나 미국에서는 내비게이션으로 사용한다. 출발 장소와 도착 장소를 음성 혹은 타이핑을 통해 입력하면 구글이 알아서 자동차, 대중교통, 자전거, 도보를 이용했을 때 얼마나 걸릴지, 그리고 어떤 길로 가는 게 좋을지를 교통체증을 고려해 제시해준다.

구글 나우 서비스는 이 정보를 지정된 시간에 실시간으로 분석해 제공해주기도 한다. 예를 들어 캘리포니아 주 버클리 지역에서 샌프란시스코의 유명 관광지 중 하나인 트윈픽스까지 간다고 했을 때 얼마나 걸릴지를 구글 맵을 통해 확인해보면 자동차로 운전할 경우 출발 장소에서 도착 장소까지 얼마나 걸릴지를 쉽게 예측할 수 있다.

아마존도 한국에서는 온라인 도서 유통 회사로 알려졌지만 미국에서는 구글과 함께 '인터넷 서비스'의 대명사가 되고 있다. 세계 최대의 유통 회사인 아마존에서 주문할 수 있는 물건은 거의 모든 것이다.

아마존은 디지털 콘텐츠, 소프트웨어, 의류, 가전, 가구, 장난감, 보석 등 다방면의 분야에 진출해 있다. 특별히 2005년에 아마존 프라임이란 연회비 79달러 혹은 8만 원짜리 회원제 서비스(2014년에는 94달러 혹은 10만 원으로 인상됐다)를 출시한 후로는 경쟁사인 또 다른 온라인 유통시장의 큰손인 이베이를 압박하며 성장을 거듭해왔다. 아마존 프라임을 이용하면 많은 상품을 특별 할인받을 수 있고, 2일 이내에 배송받을 수 있기 때문이다. 미국 학생들은 학생 이메일 계

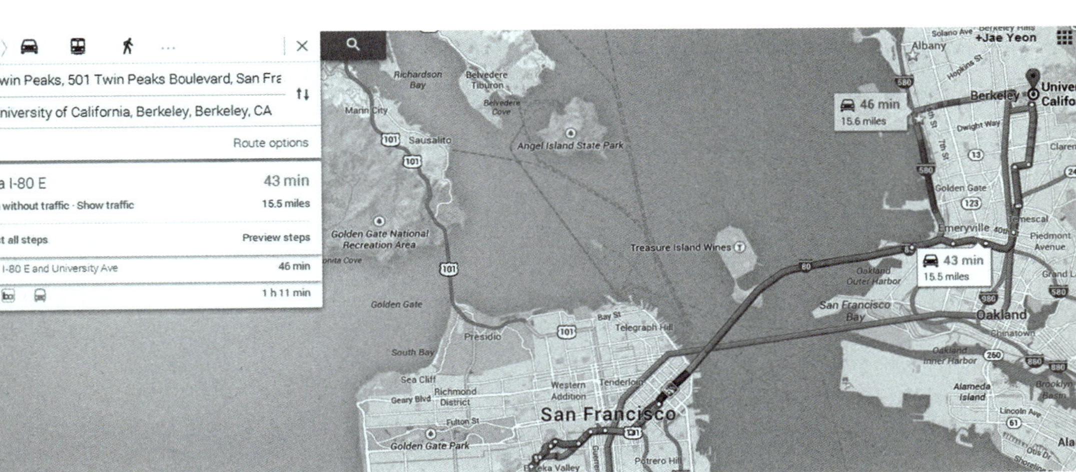

정(끝이 .edu로 끝나는 이메일 주소)으로 아마존에 가입하면 아마존 프라임 연회비 일부를 면제받고, 일정 기간 무료로 시범적으로 사용할 수 있어 많이 이용한다.

최근에는 아마존 프라임 프레시(이하 '프레시')란 이름으로 식료품 시장에도 진출했다. 프레시는 시애틀, LA 그리고 샌프란시스코 일대의 일명 베이 에어리아에 식료품 배달을 제공하는 서비스다. 미국에서도 위의 일부 지역에서만 1년에 연회비 약 30만 원(299달러)을 지불하고 가입이 가능하다.

기본적인 콘셉트는 한국에서 이마트 등을 통해 식료품을 주문하는 것과 크게 다를 바가 없다. 다른 점이 있다면 아마존이 제공하는 탄탄한 리뷰 시스템을 통해 상품평을 미리 확인하고 주문할 수 있다는 것이다. 또한 상품 가격은 미국의 대형 쇼핑몰과 거의 같고, 연회비도 있지만 프레시를 이용하면 교통비와 쇼핑에 드는 시간과 에너

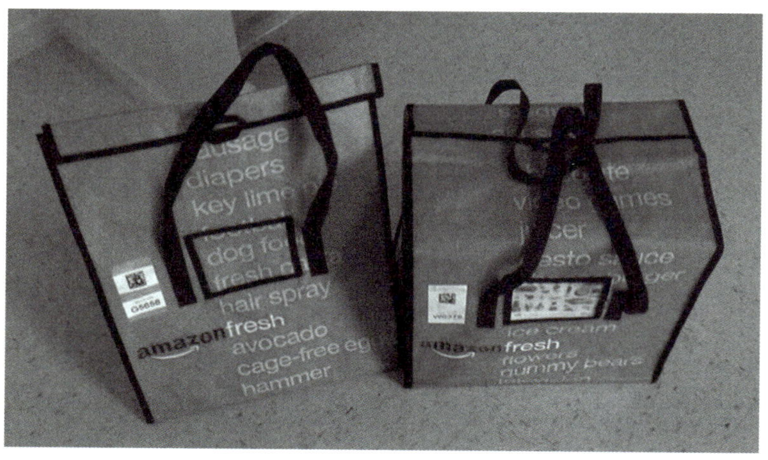

지를 절약할 수 있다는 것도 강점이다.

집 근처 대형 마트에 가기 어려울 때나 바쁠 때는 프레시를 통해 식료품을 주문해본 적이 있다. 프레시에서 35달러(약 3만 5000원) 이상 결제하면 다음 날까지 위와 같은 백tote bag에 담아서 배달해준다. 주문한 상품의 종류에 따라서 본인이 꼭 집에 있어야 할 경우도 있지만, 그때도 배달 시간을 지정할 수 있고 선택의 폭이 넓으므로 크게 어려움이 없다.

한국에서는 아마존을 전자책 리더기인 킨들을 통해 책을 읽고 주문하는 데 많이 썼지만 미국에서는 많은 삶의 영역에 아마존이 관여하고 있다. 가정 내 스탠드, 스피커, 키보드, 갤럭시 노트 10.1과 케이스 등 상당수의 전자제품을 아마존을 통해 구입하고 프레시를 통해 식료품을 주문하며 일과를 마치고 여유롭게 영화나 드라마를 볼 때도 아마존 사이트에서 프라임 서비스를 통해 본다.

이같이 미국인의 '삶의 일부'가 된 아마존은 어떻게 만들어지고 발전해온 것일까?

아마존을 이해하는 것은 '아마존에서 쇼핑하는 방법'을 이해하는 것이 아니다. 인터넷을 이해하는 것이며 소프트웨어가 어떻게 세상을 바꾸고 있는가를 이해하는 가장 좋은 방법이다.

철저한 실용주의자,
아마존 CEO 제프 베조스

여전히 애플과 스티브 잡스가 동일시되듯 아마존 창업자이자 CEO인 제프 베조스는 아마존의 모든 것이다. 아마존은 쇼핑 사이트가 아니다. 제프 베조스 그 자체라고 봐도 과언이 아니다.

그는 1964년생으로 미국의 동부 명문 프린스턴대학에서 전자공학과 컴퓨터공학을 전공하여 수석 졸업했다. 이후 월스트리트에서 직장생활을 시작했고 인터넷의 잠재력을 깨달은 후 창업하여 온라인 도서 유통시장에 뛰어들었다. 베조스는 실리콘밸리의 많은 창업자를 배출한 MIT나 스탠퍼드도 아닌 프린스턴 출신이고, 또 미국 사회의 기득권 중 기득권인 월스트리트에서 출발해 인터넷 산업으로 진출했다는 점에서는 이색적이다. 그리고 ICT 산업에서는 스티브 잡스, 빌 게이츠, 마크 주커버그 등 대학을 중퇴한 유명한 창업자들이 많다는 걸 생각할 때, 베조스가 프린스턴을 졸업했을 뿐 아니라 학과 수석 졸업까지 했다는 것도 특이하다.

아마존 CEO 제프 베조스(자료: Steve Jurveston)

달리 말하면 포스트 잡스 시대에 이 산업의 리더로 주목을 받는 사람 중 하나인 베조스가 제2의 스티브 잡스는 아니다. 그는 뼛속까지 실용적이다. 그가 창업한 아마존은 애플처럼 세상을 깜짝 놀라게 할 화려한 기술과 제품을 선보인 적이 없다. 그러나 고객들에게 하나라도 더 많은 상품을, 한 푼이라도 더 깎아서, 하루라도 더 빨리 보내주는 것에는 늘 최고였다.

아마존의 히트 상품인 아마존 프라임을 아마존 고객들이 사랑하는 이유는 싸고, 빠르고, 편하기 때문이다. 온라인 도서 유통 사이트에서 출발해 오늘날의 글로벌 온라인 커머스 강자에 이르기까지 아마존의 사명인 '지상에서 가장 고객에게 친절한' 기업이 되고자 하는 기본자세는 바뀌지 않았다. 그리고 그것이 베조스의 가장 중심적인 경영 철학이고, 아마존의 정신이기도 하다.

그러나 이 같은 실용주의는 단기적 성과주의와는 정반대 의미가

베조스가 420억 원을 투자한 1만 년 시계의 초기 버전. 런던의 과학박물관에 전시되어 있다(자료: Pkirlin).

있다. 베조스가 말하는 '실용'은 주주의 단기적 수익을 최대화시키는 게 아니라 고객에게 끊임없이 더 큰 만족을 줘서 주주의 장기적 수익을 최대화하는 데 있기 때문이다.

베조스는 2006년에 개인 사재를 털어 4200만 달러, 한화로 약 420억 원을 들여 1만 년을 가는 시계를 만드는 프로젝트에 투자했다. 이런 행동도 그의 장기적 관점에 기초한 실용주의 철학을 잘 보여준다. 단기 수익 관점에서만 보면 이해하기 어려운 프로젝트다. 그만한 금액으로 부동산, 골동품 등에 투자했다면 수익은 훨씬 더 높앐을 것이다. 그러나 이 프로젝트는 그의 장기적 사고에 대한 신념을 그 어떤 것보다 잘 보여준다. 베조스는 평소 단기 성과주의 경영이 장기적으로는 기업과 사회에 해롭다고 주장해왔다. 1만 년 동안 작동할 수 있는 시계는 그가 믿는 바를 보여주는 상징이다.

베조스의 장기적 관점에 따른 실용주의는 고객뿐 아니라 투자자들의 신뢰도 얻고 있다. 시장에 처음 진입했을 당시 언제든 반스앤노블 같은 대형 경쟁자에게 밀릴 수 있다고 인식되던 아마존의 주가는 2014년 4월 기준으로 주당 300달러를 상회하는 수준에서 거래된다. 아마존의 당기 영업이익률은 1%를 넘지 못해 동종 업계의 평균인 4.97%보다도 낮다.[5] 당장 눈앞의 이익률만 따진다면 아마존의 이런 높은 주가를 설명하기 어렵다.

아마존 주식이 이렇게 높이 거래되는 이유는 투자자들이 베조스를 믿고 베조스의 관점에서 아마존을 보기 때문이다. 골드만삭스를 비롯한 많은 투자은행이 지금 당장은 수익률이 낮을지 몰라도 아마존 투자를 권하는 까닭은 이런 성장세를 거듭한다면 아마존이 글로벌 유통시장을 평정하리라는 기대 때문이다. 스티브 잡스와 제프 베조스의 성격은 판이하게 다르지만, 자신들이 창업한 회사가 발전하는 방향 그리고 세상이 그들 회사를 보는 관점을 정의했다는 점에서는 비슷하다.

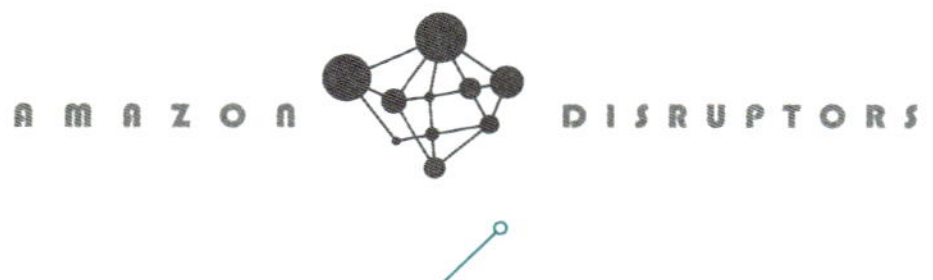

아마존의 알파와 오메가,
장기적 관점에 따른 실용주의

아마존 유통혁명의 가장 최근 실험작인 대시Dash에서도 베조스의 철학을 파악할 수 있다. 대시는 아마존이 지난 2014년 4월 초 전 세계에 공개한 식료품 주문용 막대형 기기다. 아마존 식료품 배송 서비스 프레시에 가입한 사람들에게는 무료로 제공되는데, 모두에게 제공되는 건 아니다. 테스터로 선정된 사람들에게는 대시가 제공되고, 다른 사람들은 모바일 앱을 통해 사용할 수 있다. 바코드가 있는 상품을 대시로 스캔하면 바로 주문이 되고, 과일처럼 바코드가 없는 상품은 대시에 대고 말을 하면 대시가 음성인식을 해서 주문해준다.

대시가 모습을 드러낸 후 사물인터넷의 모범적 사례로서 많은 관심을 받았다. 그러나 이런 대시의 디자인을 보고 감탄하는 사람은

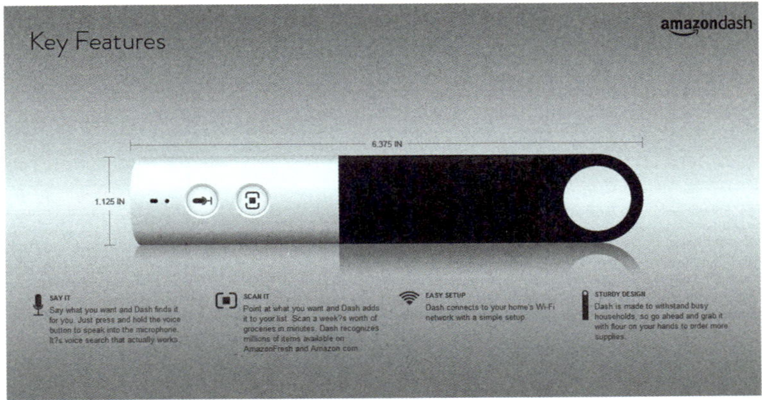

아마존 대시[6]

거의 없다. 냉정하게 말하자면, 대시는 조금 세련된 온도계처럼 생겼다. 대시는 투박하지만 굉장히 편리하다. 고객은 대시를 통해 더 쉽게 제품을 구매할 수 있고, 아마존은 다시 그 구매 데이터를 통해 더 편리한 서비스를 만든다. 고객이 더 많은 상품을 더 싸게, 더 쉽게 구매할 수 있게 해주는 것, 아마존이 추구하는 업의 본질이 대시에도 여실히 드러난다.

아마존이 지난 6월 18일에 공개한 스마트폰인 파이어폰Fire Phone에서도 베조스의 철학을 알 수 있다. 파이어폰은 모바일로 상품을 구매하기에 쉽고, 빠르고, 편리한 제품이다. 파이어폰의 파이어 플라이Fire Fly 기능은 아마존 대시의 확장판이다. 파이어폰 왼쪽에 있는 파이어 플라이 버튼을 누르면 스마트폰 전방에 설치된 5개의 카메라를 통해 사물을 촬영할 수 있고 촬영된 사물의 판매 정보를 통해 즉시 구매가 가능하다. 판매가는 32GB 기준 199달러로, 한화 약 20만

원이지만 10만 원 상당의 아마존 프라임 서비스가 1년간 무료 제
공되기 때문에 실구매가는 그 절반 수준이다.[7] 또한 미국 통신사인
AT&T를 통해 보급되는데 약정 조건에 따라서 기계값은 내지 않고
사용할 수도 있다.

파이어폰에서는 애플이 자랑하는 우월한 디자인이나 삼성이 내
세우는 압도적 기능을 발견하기는 쉽지 않다. 대신에 여기서도 아마
존의 실용적 철학을 확인할 수 있다. 경쟁사보다 싼 가격에 단말기

파이어폰. 스마트폰 왼쪽의 파이어 플라이 버튼을 누르고 사진을 촬영하기만 하면 촬영 대상의 판매
정보를 파악할 수 있다.[8]

를 보급하고, 더 많은 콘텐츠를 더 편리한 서비스를 통해 제공한다. 그렇게 고객이 아마존 플랫폼으로 들어오면 관련 데이터를 기반으로 해서 서비스를 강화해 고객이 아마존에서 벗어나지 못하게 만든다. 이것이 베조스의 영향 하에 발전한 아마존의 일관된 철학이다.

그런 점에서 볼 때 아마존이 2014년 미국 라스베이거스에서 열린 세계 최대의 가전쇼, 가전제품 박람회CES에 설치한 아마존 전자책 기기 킨들 자판기는 상징성이 있다. 미국의 다국적 금융 서비스인 웰스파고 ATM과 라스베이거스 공항으로 나가는 길 사이에 위치한 킨들 자판기[9]는 고객 편의에 맞춰 어디서든, 언제든, 무엇이든 팔려고 하는 아마존의 근성을 보여준다.

킨들 자판기에는 애플 스토어 같은 우아함과 세련됨은 없다. 하지만 싸고 쉽게 구매한다는 아마존 공식에는 충실하다. 물론 킨들 자판기가 상용화될지는 아직 미지수이지만, 이 자판기만 놓고 봐도 아마존이 얼마나 실용성에 집착하고 중시하는지를 확인할 수 있다.

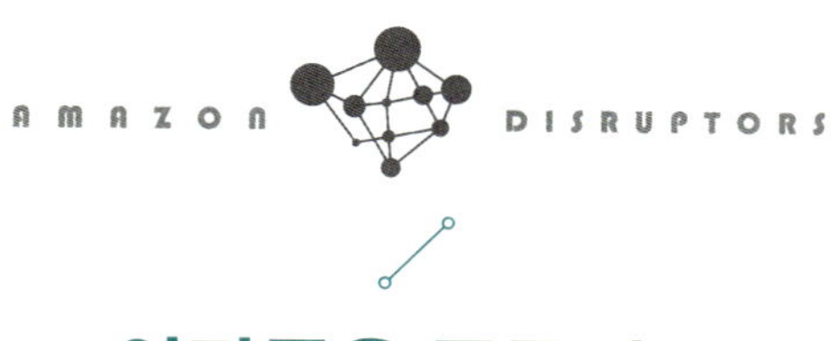

아마존은 중독된다

'궁극의 편리함'은 아마존의 가장 큰 무기다. 이는 킨들을 사용하면서 느낀 점이다.

킨들을 사용한 이후 킨들을 통해 책을 읽게 됐다. 와이파이만 연결되면 어디서든 아마존 스토어에 들어가서 결제할 수 있었기 때문에 쉽게 도서 구입이 가능했다. 그리고 책을 사면 그만큼 더 읽었고, 읽은 만큼 더 사게 됐다. 어쩌다 킨들의 일부가 파손되면서 아마존의 1년 보상 정책에 따라 새 킨들을 받아야 할 일이 있었다. 그때 아마존의 고객 서비스를 받는 과정에서 크게 감동했다. 아마존 직원들의 일 처리가 빠를 뿐 아니라 친절했고, 무엇보다도 아마존 홈페이지를 통해 모든 문제가 일사천리로 해결된다는 게 신선하고 충격적이었다.

아마존의 '편리함'에 중독되어 있는 이용자는 적지 않다. 최근 아마존이 아마존의 프리미엄 고객 서비스인 아마존 프라임Amazon Prime의 가격을 기존 79달러에서 99달러로 인상하기 전까지만 해도 아마존 브랜드의 고객 충성도는 93%에 달했다. 인상 후에도 83%를 유지하고 있다. 아마존을 한 번 이용한 사람 10명 중 8~9명은 아마존의 고객으로 계속 남는다는 뜻이다.[10]

아마존 헌법,
1997년 제프 베조스가 주주들에게 보낸 편지

아마존의 DNA는 하루아침에 만들어진 것이 아니다. 18세기 말에 만들어진 미국 헌법이 수백 년을 지나서 아직도 미국이란 나라가 운영되는 데 영향을 미치는 것처럼 오늘날 아마존을 이해하려면 아마존 헌법을 이해해야 한다. 지금도 아마존이 주주들에게 성과보고를 할 때 포함되는, 아마존이 상장_{IPO}된 1997년에 제프 베조스가 주주들에게 보낸 편지를 읽어보면 이런 베조스의 경영 철학과 아마존의 경영 전략의 근본이 보인다.

편지의 서두에서 베조스는 아마존이 1997년에 많은 기록적인 업적_{milestone}을 쌓았고 온라인 도서 유통시장에 많은 경쟁자가 등장했음에도 아마존이 150만 명의 고객을 확보했으며 전년 대비 838%의 매출성장을 했음을 강조한다. 그리고 아마존이 더욱더 고객의 '돈'과

1997 LETTER TO SHAREHOLDERS
(Reprinted from the 1997 Annual Report)

To our shareholders:

Amazon.com passed many milestones in 1997: by year-end, we had served more than 1.5 million customers, yielding 838% revenue growth to $147.8 million, and extended our market leadership despite aggressive competitive entry.

But this is Day 1 for the Internet and, if we execute well, for Amazon.com. Today, online commerce saves customers money and precious time. Tomorrow, through personalization, online commerce will accelerate the very process of discovery. Amazon.com uses the Internet to create real value for its customers and, by doing so, hopes to create an enduring franchise, even in established and large markets.

제프 베조스가 1997년에 아마존 주주들에게 보낸 편지의 서두

'시간'을 아껴줄 것이고, 개인화personalization를 통해 고객에게 더 큰 만족을 줄 것이며, 따라서 이러한 성장이 지난해의 성과로 멈추지 않을 것임을 역설한다.

이 편지를 살펴보면 닷컴 버블의 절정에 있었던 1997년에 제프 베조스가 놀랍도록 차분했고, 먼 미래를 내다보고 있었다는 것을 알 수 있다. 아마존은 닷컴 시대인 1994년에 탄생한 기업이지만, 닷컴 버블의 정서를 공유하지는 않았다.[11] 야후를 비롯한 많은 닷컴의 대표 선수들이 단기 성장과 외양에 신경을 쓸 때 아마존은 장기적 성장과 내실을 추구했다. 주주들과 언론이 아마존이 이익률이 너무 낮고 무리한 투자를 한다고 비난할 때도, 언제 망할지 모른다는 여론이 들끓을 때도 베조스는 아랑곳하지 않았다. 상장 직전에 주주들에게 돌린 편지에서 그의 신념과 의지가 잘 드러난다.

남보다 더 빠른 성장을 위해 베조스는 더 멀리 봐야 한다고 주장

한다. 아마존의 성장 전략 제1번은 '장기적 사고long-term thinking'다. 아마존은 자신의 성공을 단기가 아닌 장기간에 주주들에게 가져다주는 이익으로 판단한다. 아마존이 자사의 성과를 측정할 때 가장 중요하게 보는 것은 시장에서 선두를 지키는 것이다. 아마존이 시장에서 리더십을 확보한다면 매출이 더 커질 것이고 이윤이 더 높아질 것이며, 자본의 흐름이 빨라질 것이고 투자 대비 수익도 좋아질 것이기 때문이다.

또 아마존이 자사의 시장에서 리더십을 판단하는 기준은 고객과 매출성장률이다. 고객이 아마존을 더 찾아주고 아마존에서 더 사준다면 아마존의 단기적인 성과는 낮아질 수 있더라도 장기적인 리더십은 더 공고해진다. 아마존은 이익률을 낮추더라도 고객 기반, 브랜드, 인프라를 강화하기 위해 투자를 아끼지 않는다.

이 목적을 달성하기 위해 아마존은 분기별 성과보고에 쩔쩔매지 않는다. 이것이 베조스의 신념이다. 아마존은 소심한 투자timid investment가 아닌 대담한 투자bold investment를 해야 하고('대담한'은 베조스가 가장 좋아하는 단어 중 하나다), 경쟁의 압력이 허락하는 한에서 역시 대담한 선택bold choices을 내려야 한다. 회계장부가 좋게 보이는 것과 현금흐름 중에서 선택을 내려야 한다면 아마존은 기꺼이 미래 현금흐름을 택한다.

아마존은 자신이 내린 결정에 대해 철저하게 분석해 성공과 실패로부터 모두 배운다. 유통 기업으로서 입지를 굳히기 위해 규모를 확대하면서도 유연함과 지속적 개선을 강조하는 군더더기 없는 조직 문화를 뜻하는 린 컬처lean culture를 통해 비용절감에 최선을 다한다. 아마존 직원들의 성장에 대한 사기를 북돋기 위해 그들의 수고에 대해 보상할 때는 현금보다는 주식으로 한다. 아마존은 편하게 일할 곳은 아니지만, 재능 있는 사람들이 젊음을 바치기에 아깝지 않은 도전을 제공하는 기업이다.

편지에서 베조스는 이게 정답이라 할 수 없지만 이것이 아마존의 정체성이라고 주장한다. 그리고 그를 위해 미국의 다른 하이테크 기업들의 경영 방식을 추구하지 않을 것이며, 월스트리트의 단기 성과 위주의 평가 방식에 순응하지 않을 것임을 강조한다. 그는 쉽게 돈을 벌지는 않지만, 다시 쉽게 무너지지 않을 기업을 만들 것을 약속한다.

이 편지는 베조스가 동시대 같은 산업의 다른 창업가들과 어디가 어떻게 달랐는지 보여준다. 1990년대 초반 상업화에 따라 새로운 사업 기회가 등장했을 때, 잘나가던 월스트리트의 직장을 그만두고 창업을 결단했을 때 베조스의 야심은 부자가 되는 정도의 수준에서 머물지 않았다. 그는 지난 역사상의 많은 기회처럼 인터넷 붐이란 것도 그렇게 오래가지 않으리라고 생각했다. 또한 지난 역사상의 많은 혁신이 그러했던 것처럼 한차례의 파도가 쓸고 지나가면 소수의 인터넷 기업들만 살아남을 것이며, 그들이 시장을 제패할 것임을 믿었다. 그리고 아마존이 그중에 한 기업이 되기를 원했다. 욕심이 없어서가 아니라 욕심이 너무 컸기 때문에 그는 길게 볼 수 있었고, 남과 다른 결정을 내릴 수 있었다.

닷컴 버블이 지난 지금 시점에 돌이켜보면 베조스의 이런 접근법은 당연한 결정 같지만, 사실 이건 쉽지 않은 일이었다. 《머니볼》 등 많은 베스트셀러를 저술한 미국의 논픽션 작가 마이클 루이스는 그의 글로벌 금융위기를 다룬 책 《부메랑》에서 금융위기는 '금융'의 위기만큼이나 '문화'의 위기임을 강조한다. 인류 역사상에서 이렇게 많은 돈을 이렇게 빨리, 이렇게 쉽게 번 적은 없었다. 그 결과 사람들은 성공에 눈이 멀고 정상적인 자제력을 잃게 됐다. 그리고 그가 인터뷰하고 관찰한 결과를 볼 때 미국 내에서 이런 비이성적 열기irrational exuberance가 넘쳐나는 곳은 월스트리트만은 아니다. 실리콘밸리, 캘리포니아 주도 마찬가지다. 자기 이웃 중에 부자가 된다고, 본인도 당연히 그렇게 될 것이라고, 그리고 이 파티가 계속될 것이라고 생각했던 사람들은 버블이 끝나자 부채 위에 앉게 됐다.[12]

베조스도 쉽게 돈을 버는 데만 집중했다면 이런 집단적인 착각mass delusion에서 벗어나기가 쉽지 않았을 것이다. 그러나 그가 문제를 다르게 볼 수 있었던 건 다른 사람들이 더 많은 돈을 더 빨리 얻기 위해 혈안이 되었을 때, 그는 더 오래갈 수 있는 기업을 더 빨리 성장시키기 위해 집중하고 있었기 때문이다. 보는 위치와 방향이 다르면 생각하는 방법과 행동하는 방식 역시 달라진다.[13]

그런 만큼 아마존이 상장 후 주가가 천정부지로 오를 때도, 새로운 시장에 진출함에 따라 새로운 경쟁자가 등장할 때도 베조스는 변함이 없었다. 그의 사고는 단순하다. 그는 고객이 감동할 만한 가치compelling value를 전달하는 데만 집중한다. 고객이 만족하면 매출이 오르고, 매출이 오르면 주가가 오른다. 그 반대는 아니다.

베조스는 믿는 바가 있다. 그는 이미 1997년에 작성한 편지에서 월드 와이드 웹이 아직은 월드 와이드 웨이트World Wide Wait임을 강조하며 고객들이 온라인으로 쇼핑하는 것이 더 빨라지고 더 쉬워진다면, 그리고 그렇게 하는 데 그 누구보다도 아마존이 앞장설 수 있다면 미래는 아마존의 것임을 의심하지 않았다.

그로부터 17년이 지난 지금 이제 아마존이 혁신을 멈출 것으로 생각하는 사람은 거의 없다. 베조스의 철학을 이단아 취급하던 많은 주주와 월스트리트의 분석가들도 이제는 더 우호적인 시각으로 바뀌었다. 성과를 내기 때문이다. 아마존은 1990년대 중반부터 그로부터 약 20년의 시간이 지나는 동안 지루할 만큼 유사한, 그리고 기본에 충실한 철학을 고수했다.

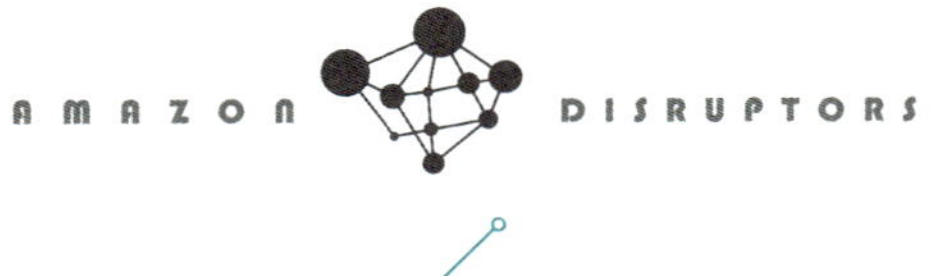

아마존은 하이테크 기업이지만,
본질적으로 유통 기업이다

아마존의 DNA를 이해하려면 아마존이 하이테크 기업이기도 하지만 본질적으로 유통 기업이란 걸 염두에 두어야 한다. 여기서 아마존의 경영 철학과 함께 아마존의 전략 특징을 이해하는 것이 중요하다.

예를 들어 같은 프랜차이즈에서 운영하는 빵집이라고 할지라도 잘되는 가게와 잘되지 않는 가게는 맛이 다르다. 잘되는 가게는 계속 빵이 팔리기 때문에 갓 구운 빵을 가판대에 내놓게 되고, 그래서 빵이 더 맛있다. 다시 빵이 더 맛있기 때문에 빵은 더 잘 팔리고, 가게는 이런 품질을 유지할 수 있게 된다. 안 되는 가게는 정반대다. 같은 빵이라도 식은 빵이라서 맛이 떨어지고, 맛이 떨어지기 때문에 손님이 더 줄어든다.

과자도 공장에서 갓 나온 과자가 더 포장이 깨끗하고, 더 맛있다. 똑같은 브랜드의 똑같은 과자를 똑같은 가격에 팔아도 잘되는 슈퍼가 더 맛있는 과자를 팔고 더 많은 손님을 끌 수 있다.

1968년 미국의 사회학자 로버트 머튼은 성경의 마태복음에 나오는 가진 자는 더 갖게 되고, 가난한 자는 더 잃게 되리라는 말씀에 따라 이런 경로 의존적 현상을 '마태 효과Mattew Effect'라고 이름 붙였는데, 유통산업은 전반적으로 이런 마태 효과가 강력하게 드러나는 산업 중 하나다.

그리고 아마존은 인터넷이란 새로운 파도를 타고 시장에 진입했지만, 유통이 이런 '업의 본질'을 갖고 있다는 걸 충실히 이해하고 있었다. 일례로 베조스가 사업 초기부터 역할 모델로 삼고 자문도 자주 받으며 사업 협력을 종종 의논했던 미국의 선배 사업가는 다름 아닌 월마트를 창업한 샘 월튼이었다.

베조스가 아마존을 운영하는 방식을 보면, 첫째 싸서 싫어하는 고객 없고, 둘째 싸게 팔면 더 많이 팔 수 있다는 월마트의 경영 원리를 그대로 아마존의 경영 전략으로 활용한다. 아마존은 어떻게든 가격을 낮추고, 그리고 하나라도 더 많이 파는 데 집중한다. 아마존은 유통에서 '규모'가 얼마나 중요한지, 그리고 어떻게 '가격정책'이 규모를 만드는지를 분명하게 이해한다.

제프 베조스의 아마존 프라임 관련 발표 영상을 보면 항상 강조하는 건 아마존은 더 많은 상품을 더 싸게 팔고 있다는 것이다. 구글이 검색엔진으로 많이 알려졌기는 하지만 돈은 대부분 광고로 벌듯

이, 아마존이 하이테크 기업으로 알려졌지만 그들이 하는 일의 실체
는 소프트웨어를 중심으로 만든 유통 시스템에 있다.

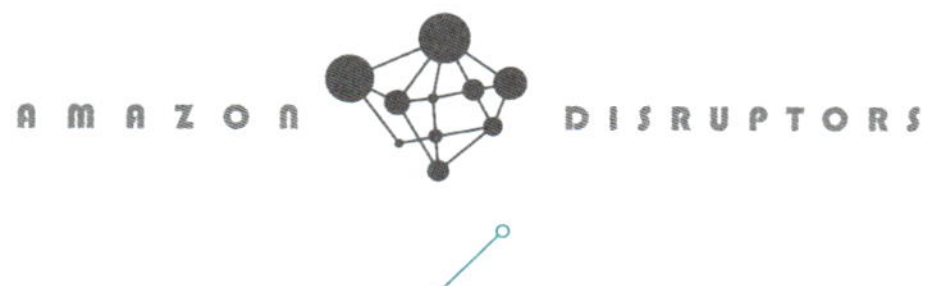

아마존은 월드 와이드 웨이트를
월드 와이드 패스트로 바꾸길 원한다

덩치가 크면 몸집이 느려지기 마련이지만, 아마존은 그렇지 않다. 아마존은 스타트업 못지않게 공격적으로 시장을 공략한다. 아마존은 고객에게 대응하는 속도를 높이기 위한 많은 실험을 진행한다.

2014년 1월에 미국의 국내외 많은 언론에서 아마존이 "고객이 주문하기 전에 미리 배송 준비를 한다"는 기사를 보도했다. 아마존이 관련 특허인 '예측 배송anticipatory shipping'을 등록하면서 나온 뉴스다. 아마존의 프리미엄 고객인 아마존 프라임 회원만 해도 1000만 명이 넘는 상황에서 아마존은 고객의 과거 구매 내역, 아마존 사이트에서 검색한 결과, 그리고 특정 온라인 아이템에 얼마나 지체했는지 등에 관한 방대한 데이터를 갖고 있다. 아마존은 이 데이터를 활용해서

아마존 파이어 TV[14]

고객이 사고 싶을 만한 제품을 추천하고, 그들이 실제 물건을 구매하기 전에 이미 배송을 준비한다.[15]

아마존의 다른 야심적 프로젝트인 무인기Drone를 통한 배송 프로젝트도 도심의 혼잡한 교통체증을 피해 아마존 상품의 배송 속도를 높이는 걸 목표로 한다. 2014년 4월 10일 주주들에게 보낸 편지에서 베조스는 아마존이 미국우정공사USPS와 협력하여 몇몇 도시에는 일요일에도 상품 배송을 시행할 뿐 아니라, 아마존 프라임 에어 팀이 5세대, 6세대 무인기를 테스트하고 있으며 7세대, 8세대 무인기도 이미

디자인에 들어갔다고 밝혔다.[16]

이런 실험들이 아마존의 강점으로 작용한다는 걸 보여주는 가장 좋은 예는 아마존 원클릭 결제 서비스다. 원클릭 결제 서비스는 상품 구매에 필요한 신용 정보를 사이트에서 미리 갖고 있다가 클릭 한 번만 하면 주문, 결제, 배송까지 다 가능하게 해주는 아마존의 독특한 서비스다.

아마존이 2000년에 특허 등록한 이 서비스가 과연 특허의 보호 대상인지에 대해서는 의문의 여지가 있지만, 원클릭 결제의 존재가 아마존 고객이 아마존 하면 '빠르다'는 인식을 준 데 크게 도움을 주는 건 사실이다. 이 상품을 사야 할까 말아야 할까 잠시 고민하고 있

아마존의 특급 운송수단, 무인기[17]

화면 우측 상단에 있는 것이 아마존의 원클릭 버튼이다. 저 버튼만 누르면 사전에 입력된 신용카드 정보에 따라 결제가 이뤄지고, 바로 결제확인 창이 뜬다.[18]

는 사이에 이미 클릭 후 결제가 끝난다. 아마존은 월드 와이드 웨이트를 월드 와이드 패스트World Wide Fast로 바꾸길 원한다.

아마존의 수면 밑 전략,
끊임없이 개선한다

아마존은 겉으로 보이는 속도에만 신경 쓰는 것이 아니다. 수면에 떠서 유유히 움직이는 백조는 그것만 보면 우아해 보인다. 그러나 물밑에서 보면 백조가 열심히 발을 움직이고 있는 것이 보인다. 기업에 장기적으로 중요한 건 서비스의 '빠른' 성장뿐만 아니라 '안정적인' 성장이다.

더 많은 상품을 더 많은 고객에게 판다고 할지라도 비용절감이 제대로 되지 않으면 매출은 높아도 망할 수 있고, 회사가 커감에 따라서 인사와 조직을 어떻게 할지를 분명하게 하지 않으면 너무 빨리 컸기 때문에 시장에서 더 빨리 퇴출될 수도 있다. 내실이 없이 성장만 빠르면 버블이 커지고, 버블이 커지면 버블이 꺼졌을 때의 충격도 크다.

누구 못지않게 장기적 사고, 장기적 책임을 강조해온 제프 베조스가 이 문제를 간과할 리 없다. 철학과 전략만으로는 부족하다. 결국에는 조직이 전부다. 그리고 동서고금을 통틀어 조직은 사람을 통해 장악하기 때문에 인사를 보면 지도자의 우선순위와 경영 철학을 짐작할 수 있다. 이제는 경영 철학, 전략에 이어 조직을 볼 차례다.

베조스가 중용하는 인재인 제프리 윌키를 생각해보자. 제프리 윌키는 현재 아마존의 텃밭인 북미 사업의 가격정책, 상품 판매, 마케팅 등을 총괄한다. 이 역할을 맡기 전에 윌키는 아마존의 부사장을 역임했고, 아마존의 글로벌 진출에 기여했다. 당시에 윌키는 베조스와 1년에 일주일은 전체적으로 현장을 직접 방문해 회사가 돌아가는 상황을 파악하는 데 노력했고, 그리고 그 일정상 켄터키를 방문했던 것에서 영감을 얻어 C.R.A.P. 정책을 실행한다. 'crap'은 영어로 되지도 않을 것이란 속어로 쓰이기도 하는데, 여기서는 "돈이 되지 않는다Can't Realize Any Profits"의 약자로 포장이나 배송을 바꿔도 안 팔리는 상품은 포기하는 걸 말한다. 베조스는 윌키 같은 인물을 통해 아마존이 되는 건 더 열심히 하고, 안 되는 건 더 빨리 포기할 수 있도록 관리한다.[19]

베조스의 유명한 '물음표 이메일' 역시 어떻게 아마존 CEO가 성장에 따라 조직이 거대화됨에도 느슨해지지 않고, 아마존이 고객의 필요에 집중할 수 있게 만드는지를 알 수 있다. 베조스는 아마존 CEO이지만, 그에게 메일을 보내는 건 어렵지 않다. jeff@amazon.com이라는 베조스의 이메일은 아마존 홈페이지에서 쉽게 찾을 수 있다. 베조스는 그에게 오는 고객들의 이메일을 꼼꼼히 읽고(아마존 관련 발표에서 종종 이런 이메일의 내용을 소개하기도 한다), 자신이 볼 때도 문제가 있다고 생각하는 내용에 대해서는 담당자에게 제목에 '?'를 붙여서 이메일을 전달한다.

아마존 직원들에게는 이런 물음표 이메일이 오면 시한폭탄이 떨어진 것이다. 만사를 제쳐놓고 먼저 이 문제를 해결해야 하고, 어떻게 해결할 것인지를 바로 위 상사에게 보고해야 한다. 이 보고는 그 상사의 위 상사의 위 상사 검토가 이뤄진 후 최종적으로 베조스의 손에서 끝이 난다. 가끔 베조스의 혹독한 성격의 일면을 보여주는 일화로 소개되는 이 사례는 그런 동시에 베조스가 얼마나 고객 서비스에 우선순위를 두고 있는지도 알려준다. 이렇게 의사소통을 하는 것이 얼마나 인간적인지는 알 수 없다. 하지만 CEO가 전면으로 나서서 고객을 챙긴다는 걸 직원들이 철저하게 아는 효과가 있음은 분명하다.[20]

아마존의 수면 밑 전략에서 가장 흥미롭고 주목할 만한 점은 아마존의 '유연성'이다. 아마존은 경영 환경의 변화에 따라서 언제든 변화할 수 있고 변화해야만 한다고 믿고 그렇게 행동한다. 아마존은 공격적으로 자동화를 실시하는 회사다. 그리고 사실 전면적인 자동화가 아마존의 초기 사업 목표이기도 했다.

아마존은 온라인 도서 유통 회사에서 온라인으로 모든 걸 유통하는 회사로 성장하는 과정에서 자동화에 한계가 있다는 걸 깨닫는다. 아마존이 판매 상품에 신발을 포함시켰을 때, 신발은 기계만으로 포장하는 데 어려움이 있다는 걸 알게 됐다. 이를 통해 아마존은 단순 반복 작업은 기계가, 복잡하고 부가가치가 높은 작업은 인간이 담당하는 게 더 낫다는 결론에 이른다. 아마존은 기계화가 전부인 회사가 아니라, 기계와 인간의 더 나은 협업을 찾기 위해 노력하는 회사다.

현재는 아마존의 수석 컨설턴트인 마이클 오네토가 2006년에서 2013년 사이 아마존의 글로벌 운영과 고객 서비스를 담당했을 때, 그는 아마존 물류창고 직원들이 제품을 스캔하고 분류하는 데 걸리는 시간이 목표 시간을 초과했다는 걸 발견했다. 그때 아마존은 직원들을 일방적으로 탓하기보다는 기계와 인간의 협업에서 어디에 문제가 있는지 파악하는 데 신경을 썼다. 그런 심층적 분석 결과 스캐너 성능에 문제가 있다는 결론에 이르렀다.

즉 어느 기업 못지않게 공격적으로 신기술을 경영에 활용하고 있는 아마존은 오히려 기술이 완벽하다고 보지 않는다. 아마존의 저력은 기술에 대한 맹신이 아닌, 자신들이 행한 세밀한 분석 결과에 따라서 이전에 세웠던 가정을 부정할 수 있는 정신적 힘이다. 경영 컨설팅 회사인 맥킨지의 표현을 빌리자면, 아마존은 도요타 경영 방식이 온라인 상거래를 만난 사례다. 아마존은 자기 수정을 멈추지 않는 기업만이 성장이 계속될 것임을 믿는다.[21]

아마존은 진화한다

아마존이 제2의 월마트가 아니듯이, 아마존은 제2의 도요타도 아니다. 도요타는 도요타의 유통 체인을 통해 도요타 제품만을 팔지만, 아마존은 아마존의 유통 채널을 통해 아마존 제품만을 팔지 않는다.

아마존의 가장 놀라운 점 중 하나는 아마존이 고객 편의를 위해서라면 기꺼이 제3자가 아마존 플랫폼을 통해 고객에게 직접 판매를 할 수 있도록 허용한다는 것이다. 예를 들어 아마존은 아마존이 10달러에 파는 책을 다른 업체가 9달러에 판다고 할 때 이 업체가 파는 책의 정보를 고객에게 같이 보여준다. 구글, 네이버 같은 온라인 정보에 접근하는 데 관문 역할을 하는 기업들에게 제기되는 주요 문제 중 하나가 '공정성'이란 걸 생각한다면 이건 상식 밖이다. 유통을 쥐고 있다면 그 힘을 이용해서 고객의 선택권을 제한하고 자사 제품만의 선택을 강요하고 싶지 않을까? 아마존은 대체 어떤 그림을 보고 있는 것일까?

2003년 개최된 TED 컨퍼런스에서 제프 베조스가 발표한 내용에 따르면 아마존의 비전은 단순한 '유통' 회사가 아니고, 인터넷이란 '21세기의 전기'와 함께 진화하는 회사다. 베조스는 인터넷은 골드러시가 아니라고 말한다. 인터넷은 금광보다는 전기에 가깝다. 금은 다 캐고 나면 끝이지만, 전기가 초기에 전구로 활용되던 것에서 시작해 지금에는 정보를 전달하는 통로가 된 것처럼 인터넷의 발전 가능성은 우리의 고정관념으로 상상하는 것보다 훨씬 더 크다.[22] 그래서 베조스는 아마존이 온라인 도서 유통에서 시작했고, 유통 사업에 뿌리를 내리고 있지만 거기에 아마존을 제한하려 하지 않는다. 인터넷이 보여주는 새로운 가능성에 따라 아마존이 계속 진화하기를 원한다.

아마존은 유통 채널이 아니라 플랫폼이다. 아마존은 인터넷을 기반으로 공급자와 소비자의 만남과 거래가 이뤄지는 하나의 '장'이 되기를 원한다. 전기 산업이 석유 사업을 잇는 에너지 산업에서 그치지 않고 통신 산업, 엔터테인먼트 산업 등 새로운 산업의 기반이 된 것처럼 아마존이 새로운 산업의 출발점이 되기를 원한다.

아마존의 오픈마켓인 아마존 마켓플레이스Amazon Marketplace를 사용하는 사업자는 자사의 상품을 아마존 상품과 똑같이 아마존 사이트에서 판매할 수 있다. 우체국이 누가 편지를 보냈느냐에 상관없이 같

은 서비스를 이용하면 똑같은 기준으로 수신자에게 배달해주는 것
처럼 아마존 역시 누가 상품을 올렸느냐에 상관없이, 신제품이냐 중
고냐에 관계없이 같은 기준으로 아마존을 통해 상품 판매를 할 수
있도록 돕는다. 판매자들은 아마존 소프트웨어 인프라를 통해 소비
자와 온라인 상거래를 할 수 있을 뿐 아니라, 아마존 물류 서비스FBA:
Fulfillment by Amazon를 이용해 상품의 저장과 배송에 위탁할 수 있다. 이제
아마존 판매자들은 문자 그대로 판매만 하면 되는 것이다. 나머지는
아마존 '인프라'가 해결해준다.

2013년 기준으로 FBA를 이용하는 판매자는 전 세계적으로 65% 증
가했으며, 아마존 마켓플레이스를 이용하는 판매자는 200만에 가
깝다. 이들 판매자의 국적만 봐도 89개국이나 되고, 185개국의 소비
자들이 이들의 상품을 구입했다. 이러한 아마존 마켓플레이스를 통
해 아마존은 2013년 한 해만 10억 건에 가까운 주문을 받았으며, 아
마존의 취약 상품 중 하나로 지적받아 온 의류에서 2배 가까운 고속
성장을 했다.[23] 아마존은 단기적 이익을 취하는 대신에 장기적으로
판을 키운 것이고, 판을 키워서 다시 더 큰 이익을 얻었다.

아마존의 주력 서비스 중 하나인 아마존웹서비스AWS: Amazon Web Service
를 생각해보자. 아마존의 AWS는 스타트업을 비롯한 많은 기업이 자
신이 직접 고가의 서버를 구입하고, 운영할 필요 없이 아마존의 컴
퓨팅 파워를 대여할 수 있도록 도와준다. 회사가 운영을 위해 사무
실이 필요하다고 할 때 이전에는 무조건 사무실을 매입해야 했다면,
이제는 임대라는 새로운 옵션이 추가된 것이다. 그리고 여기서 건물

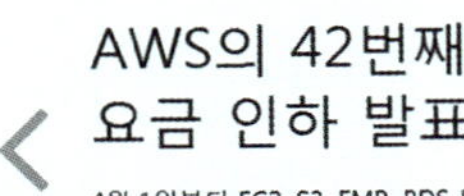

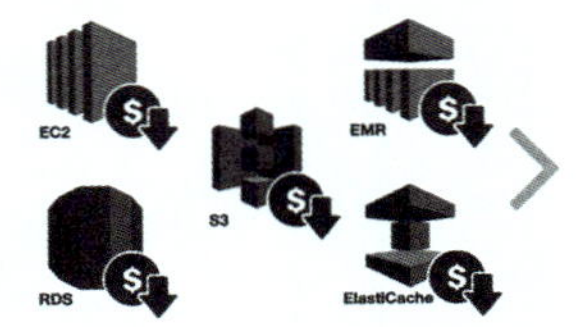

IT 업계에 클라우드 바람을 불어넣은 원인 중 하나인 아마존의 AWS[24]

주는 아마존이다.

클라우드 컴퓨팅이라고 하는 이 새로운 컴퓨팅 트렌드에서 아마존은 강력한 플레이어이며, AWS는 아마존의 성장에 중요한 견인차 역할을 한다. IT 산업에서 잘 알려진 분석기관인 가트너에 따르면 2013년 기준으로 클라우드 컴퓨팅 시장의 규모는 131조 원에 달하며, 이 시장 내에서 아마존은 아마존을 추적하는 경쟁자 14개사를 모두 합친 것보다 5배 더 크다. 물론 구글, 마이크로소프트 등 IT 업계의 공룡들이 이 시장에 뛰어들었고, 그에 따라서 아마존도 가격을 급격히 낮추는 등 견제 모드에 들어섰기 때문에 아마존이 그렇게 여유 있는 상황은 아니다. 그러나 소프트웨어가 아닌 유통으로 먼저 알려졌던 기업이 이제 성공적으로 IT 서비스 시장에 안착했다는 것은 분명하다.[25]

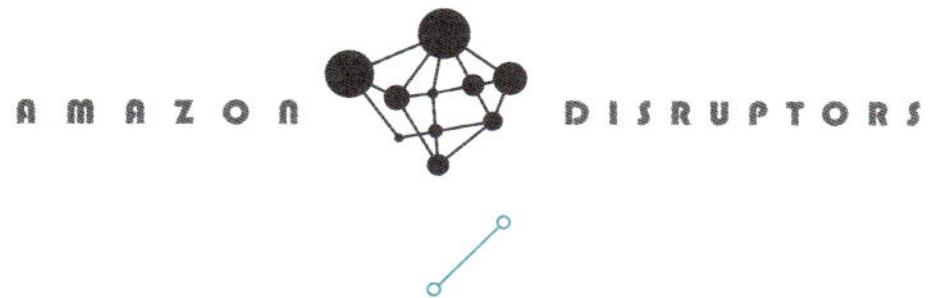

아마존의 원칙은 바뀌지 않고
전략과 조직만 변한다

1994년 창업해 2014년 창립 20주년을 맞이하는 아마존은 성장만 빠른 기업이 아니다. 아마존은 진화한다. 1990년대의 아마존이 다르고, 2000년대의 아마존이 다르다. 외부 경영 환경이 변화함에 따라, 특별히 1990년대 이후 상업화된 인터넷의 성격이 변화함에 따라 아마존 역시 진화한다. 일례로 1990년대 아마존은 온라인 도서 유통시장의 패권을 놓고 미국 도서시장의 거인인 반스앤노블과 경쟁했지만 이제 아마존의 주요 경쟁사는 애플, 구글, 마이크로소프트와 같은 IT 업계의 강호들이다.

그리고 이런 변화의 흐름에 맞서서 아마존은 항상 누구 못지않게 공격적이고 적극적인 자세를 취해왔다. 제프 베조스가 일관되게 주장하는 '장기적 사고'의 원칙에 따라 큰 그림을 그리고, 멀리 보고, 끊임없이 자기를 수정하면서 달려왔다.

향후 10년, 2024년의 아마존도 그들의 원칙과 신념은 고수할 것이며 전략과 조직만 바꿀 것이다. 유통산업의 업의 본질이 바뀌지 않는 이상 저가 판매와 고객 만족의 원칙은 양보하지 않을 것이다. 지구상에서 가장 고객의 만족을 위하는 기업이 되겠다는 아마존의 사명은 여전할 것이다. 동시에 더 빠르게, 더 크게 성장하는 기업이 되기 위해 고객의 목소리에 귀를 기울이고, 유연한 조직 구조를 유지하기 위한 노력도 쉬지 않을 것이다.

그러나 제프 베조스가 처음에 창업을 결정하게 만든 인터넷의 성격이 계속 변화하는 이상 아마존 역시 변화를 멈추지 않을 것이다. 구글이 인터넷의 관문인 검색엔진에서 가장 독보적인 위치를 가진 기업이라면, 아마존은 그런 인터넷을 인프라로 한 각종 상업 활동의 기반이 되는 기업이 되려 할 것이다. 그리고 그건 단순한 희망사항이 아니다.

2014년 4월 20일 영국 공영방송 BBC가 보도한 바에 따르면 평균적인 영국인이 아마존에 1년간 쓰는 금액은 연간 70파운드(한화 약 13만 원)에 달하는데, 이는 온라인 상거래에 쓰는 전체 지출의 절반을 넘는 수치다. BBC의 인터뷰에 응한 아마존 팬은 영어에서 '구글한다Google it'가 곧 '검색한다'라면, '내가 사고 싶은 물건이 있다'라는 말은 이제 '아마존한다Amazon it'라는 말과 같다고 말했다. 아마존은 이미 보이지 않는 인프라이며, 이미 인터넷과 우리 삶의 미래다.[26]

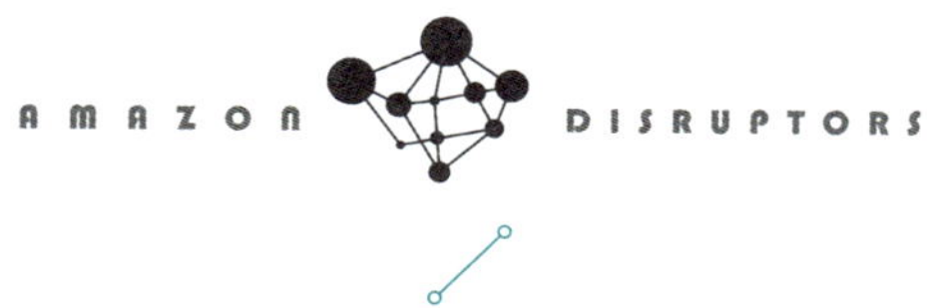

아마존은 아직 배고프다

아마존이 큰 그림에선 기존의 패턴을 반복할 것이라고 보는 또 다른 이유는 성장 최우선이라는 아마존의 기본 공식을 바꾸기가 쉽지 않기 때문이다. 아마존은 여기서 멈출 생각이 없고, 멈출 수도 없다.

1%도 못 미치는 이익률에도 300달러대에 거래되는 아마존 주가의 비밀은 아마존의 성장에 대한 시장의 높은 기대치에 있다. 아마존이 일부 협력사와 주주의 불만에도 낮은 가격과 높은 투자를 유지하는 까닭도 성장에 베팅하고 있기 때문이다. CEO가 대놓고 직원들이 일하기 편한 곳은 아니라고 이야기하면서도, 업계 최고 연봉을 주지도 않고 아마존이 능력 있는 직원들을 붙잡아둘 수 있는 것 역시 아마존이 성장을 거듭하고 있기 때문이다. 달리 말하면 이 성장

의 마법이 끝나는 순간 그동안 눌러왔던 모든 불만과 문제가 일순간에 터질 수 있다. 더 이상 파이가 커지지 않는다는 게 명확해지면 그 다음부터는 기존의 피자에서 누가 더 큰 조각을 가지고 싸울 것인가만 남는다. 아마존은 고속 성장이라는 도전 앞에서 뒤로 물러날 수 없다.

그래서 이미 온라인 상거래 시장에서 독보적인 위치를 차지하고 있지만, 아마존은 아직 배고프다. 일례로 아마존의 공격적 인프라 투자는 계속되고 있다. 2012년에 아마존 물류창고는 20곳, 아마존 클라우드 서비스를 위한 AWS 에지 로케이션edge location은 12곳이었다. 2013년 한 해에만 아마존은 여기에 물류창고 8곳, AWS 에지 로케이션 13곳을 추가했다. 이로써 아마존은 미국과 유럽의 거점 50개 도시 중에서 미국은 92%, 유럽은 84%의 장소에 다음 날 배송이 가능하다.

투자기관인 골드만삭스는 현재 미국 11개 시장에서 제공되는 당일 배송이 지금까지는 다음 날 배송이 가능한 지역까지 확대되기 위해서는 54개의 물류창고가 증축되어야 할 것으로 보고 있는데, 현재 추세라면 5년 내에 가능할 것으로 보인다. 이렇게 된다면 배송의 속도라는 점에서 아마존이 경쟁 업체를 앞설 뿐 아니라, 아마존이 눈독을 들이고 있는 신선도가 중요한 식료품 시장에서도 강세를 보일 수 있을 것이다. 아마존은 2012년 기준으로 미국 식료품 시장의 규모를 1000조에 달하는 것으로 보고 있다. 마찬가지로 AWS 에지 로케이션 증설도 아마존의 경쟁우위로 시장에서 리더십을 지키는 데

도움을 줄 것이다.[27]

그러나 이러한 기존 인프라 증축으로 얻을 수 있는 효과는 한계가 있다. 적어도 북미와 유럽 시장을 대상으로 한 아마존의 인프라는 수년 내로 완성할 수 있다. 또한 빠른 배송에 한해서는 예측 배송 서비스와 무선기를 이용해서 당일 배송보다 더 빠른 배송이 가능하다고 할지라도 배송 시간을 앞당겨서 고객 만족을 높이는 데는 물리적인 한계가 있다.

그런 점에서 보면 킨들에 이은 아마존의 새로운 단말기들의 목적이 보인다. 이미 출시했거나, 아니면 출시를 예고하고 있는 아마존 대시, 아마존 파이어 TV 셋톱박스, 아마존 스마트폰의 공통적인 목적도 파악할 수 있다. 그건 아마존 고객의 라이프스타일 중에서 아직 아마존이 파고들지 못한 부분을 파고드는 것이다. 굳이 개인용 컴퓨터나 스마트폰을 이용해 인터넷에 들어가지 않아도 대시라 이름 붙인 스캐너를 통해 수십 분 걸리던 상품 주문을 1초면 끝나는 것으로 만들어버렸다.

아마존 셋톱박스나 아마존 스마트폰도 마찬가지다. 아마존답게 투박하고 저가의 상품으로 나오겠지만, 그건 미끼일 것이다. 아마존 셋톱박스나 아마존 스마트폰은 아마존 플랫폼에 포획되는 고객수를 늘리기 위한 도구일 것이고, 그렇게 해서 플랫폼의 가치를 높인 후 다시 유통의 힘으로 더 많은 상품과 콘텐츠를 더 싼 가격에 공급할 것이다.

실제로 투자분석기관인 트레피스Trefis의 아마존 주가 요인분석에 따르면 킨들 하드웨어가 차지하는 비중은 2.9%밖에 되지 않는다. 이에 비해 일반적인 상품 판매_{general mechandise}는 63.7%, 도서·DVD·음반 판매는 21%, AWS를 포함한 웹 서비스는 10.2%를 차지한다.[28] 아마존은 단말기는 주로 고객 접점을 확대하는 수단으로 활용하고, 프라임 같은 로열티 프로그램으로 고객을 사로잡은 후 상품과 서비스 판매로 수익을 남긴다.

아마존은 북미와 유럽에서
만족하지 않는다

아마존은 북미와 유럽 시장을 선도하는 데 만족하지 않는다. 아마존은 이미 중국과 일본에 진출해 있으며, 인구는 많지만 아직 온라인 상거래가 그렇게 활성화되지는 못한 인도, 브라질 그리고 북유럽, 오스트레일리아 등 아직 아마존이 석권하지 못한 선진 시장도 아마존의 남은 공략 대상이다.

아마존은 1994년에 창업한 아마존과는 이미 다른 회사다. 1990년대 아마존은 온라인 도서 유통에만 주력하는 기업이었지만 2000년대 아마존은 훨씬 더 다양한 상품과 서비스 포트폴리오를 갖고 있다. 트레피스의 분석 보고서에 따르면 2013년 기준 아마존의 일반 상품 부문 성장률은 34.5%로, 과거 성장동력이었던 도서·음반 부문의 11.2%보다 3배 이상 높으며, 당해 아마존 전체 매출의 66%를 차

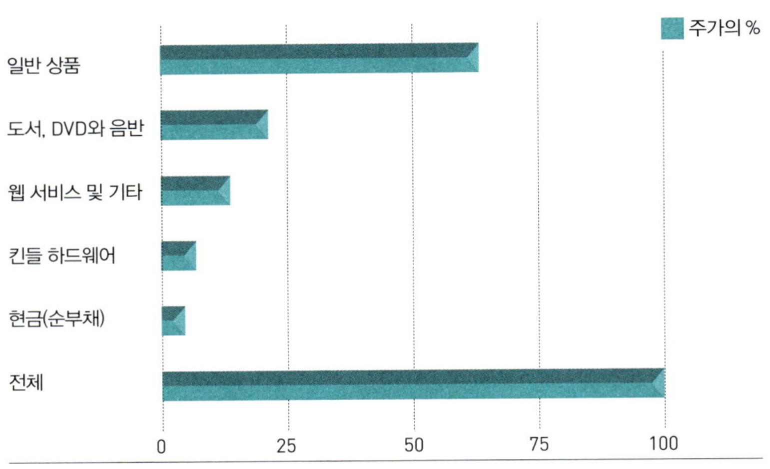

지한다. 도서·음반이 아마존의 주력 상품이던 건 옛날이야기다.

도서·음반 부문에서는 여전히 미국 내수시장의 영향력이 큰 것에 비해 대조적으로 이러한 일반 상품 부문의 성장률을 이끌고 있는 건 글로벌 전자상거래 시장의 수요란 것도 주목할 만하다. 언제 어디서든 인터넷 접근이 가능하게 도와주는 스마트폰, 태블릿 등의 보급으로 글로벌 전자상거래는 2009년 429조 원에서 2012년 963조 원으로 급격히 성장했고, 매년 약 15%씩 성장할 것으로 예측되고 있다.[29] 아마존은 이런 새로운 바람을 타고 매출을 늘리고 있다.

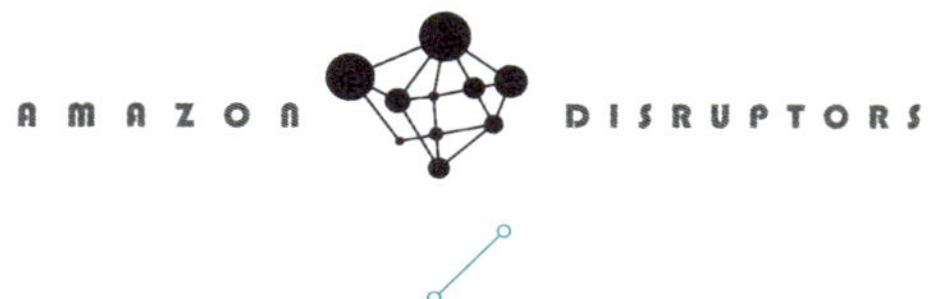

아마존은 아마존을
따라 하지 않는다

아마존의 공세에 맞서서 또 한 가지 우리가 생각해볼 만한 점은 아마존은 아마존을 따라 하지 않는다는 것이다. 제프 베조스는 결코 사람 좋은 CEO는 아니다. 베조스 특유의 신랄한 언행도 회사 안팎에 이젠 널리 알려졌다. 그러나 그것이 그의 리더십의 핵심은 아니다. 그건 스티브 잡스의 완벽주의와 마찬가지로 그의 고객 만족을 위한 완벽주의 추구의 부산물 혹은 부작용에 가깝다. 그의 경영의 핵심은 '고객 만족을 위해서는' '어떠한 사실도 수용하며' 그리고 사실의 수용을 '의사결정'으로 실행하는 것이다. 그를 위해 그는 얼마든지 다른 사람으로부터 배우려 하고, 자신을 바꾸려 하고, 잘못된 것은 고치려 한다.

월마트 출신으로 아마존의 초기 성장에 크게 기여한 릭 달젤은 제프 베조스의 장점에 대해 두 가지로 설명한다. 첫째, 베조스는 진실을 수용할 줄 안다. 많은 사람이 진실을 받아들인다고 하지만, 대부분은 그렇게 하지 않는다는 걸 생각할 때 이는 대단한 미덕이다. 두 번째로 베조스는 습관적 사고_{conventional thinking}에 구애받지 않는다. 베조스는 자연이 만든 법칙 외에 나머지는 모두 바꿀 수 있다고 생각한다.

아마존이 전 직원에게 선물한 책 중에는 레바논계 미국인 투자가이자 철학자인 나심 탈렙의 《블랙 스완》이 있는 것도 흥미롭다. 이 책에서 탈렙은 쉽고 간편한 설명의 위험성에 대해 지적한다. 그렇게 생각하고 세상을 보면 단순하고 편리해서 좋겠지만, 실제 세상은 훨씬 더 복잡하고 훨씬 더 위험하기 때문이다. 그런 위험을 줄이고 기회를 늘리기 위해 그는 수없는 시행착오를 통해 계속 학습할 것을 권유한다.

그것이 지금까지 아마존이 택해온 길이었다.[30] 아마존은 1994년 온라인 도서 유통 사업으로 출발했지만, 거기서 멈추지 않았다. 아마존은 온라인으로 상품을 팔았지만, 이제는 서비스를 판다. 아마존은 아마존만의 회사가 아니다. 아마존은 플랫폼이다. 아마존 마켓플레이스, AWS를 비롯한 아마존의 서비스는 아마존을 통해 더 많은 사람이 더 쉽게, 더 편하게 온라인 상거래에 참여할 수 있게 한다.

그래서 얼핏 보면 아마존이 연타석 홈런을 치고 있는 것 같지만, 아마존이 성공하는 까닭은 역설적으로 아마존이 빠르게 많이 실패할 수 있고 그 실패를 통해 학습할 수 있는 시스템을 내부에 갖고 있기 때문이다. 달리 말하면 계속 성공할 줄 알려면 먼저 제대로 실패할 줄 알아야 한다. 이런 문화적·제도적 특성을 고려하지 않는 아마존 무작정 따라 하기는 기대한 성과를 가져다주기 어렵다. 무엇보다도 단기적으로 이익을 남기는 것보다 고객 가치 중심의 장기적인 성장을 추구하는 경영자의 철학 없이는 이런 도전은 쉽지 않다.

아마존은 아마존을 따라 하지 않는다. 제프 베조스가 탁월한 경영자인 건 그가 잘못된 판단을 내리지 않기 때문이 아니라 그것을 빠르게 수정할 수 있는 능력이 있기 때문이다. 아마존이 탁월한 기업인 건 아마존이 실패하지 않기 때문이 아니라 빠르게 많은 실패를 할 수 있고, 그 경험을 통해 필요한 학습을 할 수 있는 시스템을 갖고 있기 때문이다. 그렇게 아마존이 한국 사회에 던지는 화두는 빨리 성공하는 것보다 장기간 성장할 수 있는 역량을 갖추는 게 더 중요하다는 것이다. 우리 기업은, 우리 국가는, 우리 사회는 어떠한가?

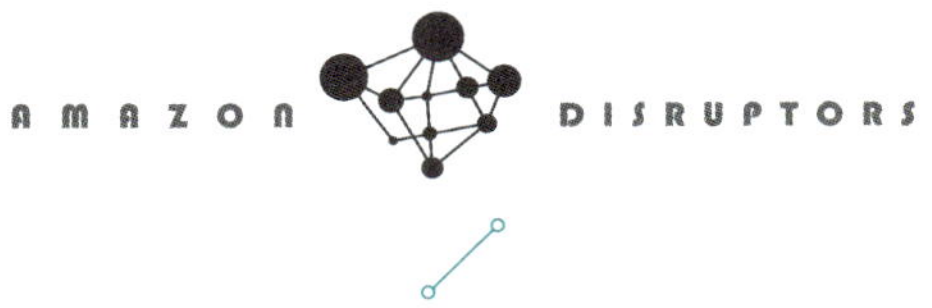

초연결의 시대를 대비하라

그런 관점에서 긴 시야에서 보면 아마존이 문제가 아니다. 손가락이 아니라 달을 보자. 아마존이 이미 간 길이 아니라 가려고 하는 길을 봐야 한다. 세계는 지금 초연결의 시대hyper-connected society에 진입한다. 아마존은 그 초연결 시대란 그림의 일부다.

전략 컨설팅 회사인 맥킨지의 브레인인 맥킨지 글로벌 연구소가 2014년 4월 발표한 〈디지털 시대의 국제적 흐름〉이란 보고서에 따르면 무역, 서비스, 인구, 데이터와 커뮤니케이션 중에서 지난 수십 년간 가장 급격한 속도로 성장하고 있는 건 데이터·커뮤니케이션 영역이다. 2008년에서 불과 5년이 지난 2013년에 이 데이터·커뮤니케이션 영역에서의 국제적 이동은 7배 증가했다. 그리고 인터넷 등의 폭

발적 성장exponential growth으로 인해 남북 아메리카, 아메리카와 유럽, 아메리카와 아시아 등 각지의 연결이 강화되고 있다. '한류Korean Wave'라고 하는 새로운 국제적인 문화적 트렌드도 이런 구도에서 보면 초연결 시대의 하나의 조각이다. 아마존도 마찬가지다. 제프 베조스는 이런 데이터·커뮤니케이션 영역의 급격한 성장에 힘입어 성장이 멈추지 않는 기업 아마존을 만들 수 있었다. 아마존이 글로벌로 확장할 수 있는 것도 근본적으로는 초연결의 시대라는 배경이 존재하기 때문이다.

그렇다면 이런 초연결의 시대에 대한 한국의 준비 상태는 어느 정도인가? 아마존보다 더 큰 시대적 파도에 대해 우리는 어떻게 준비하고 있는가? 같은 보고서에 따르면 한국은 연결성 지수connected index에 기초했을 때 20위로 16위인 사우디아라비아, 9위인 러시아보다 낮다. 수출 위주, 제조업 기반 경제구조를 갖고 있는 국가로서 무역 영역에서의 지수는 10위권 안이지만, 서비스와 금융 영역에서는 11~25위권이다. 인구 영역에서는 50위권 밖이며, 데이터와 커뮤니케이션 영역에서는 26~50위권이다.

그리고 이제 모든 경제가 디지털화되어 가고 있다는 점을 생각한다면 이러한 우리의 상대적 데이터·커뮤니케이션 영역의 연결성 취약성은 심각한 문제다. 국제적인 상품 거래에서 전자상거래가 차지하는 비중은 2005년 3%에서 2013년 12.1%로 400% 가까이 증가했으며, 데이터 커뮤니케이션에서 스카이프Skype와 같은 디지털 통신 역시 2005년 3%에서 2013년 39%로 1300% 가까이 증가했다. 서비스 영

역에서도 디지털을 통해 이뤄지는 서비스의 비중이 2005년 51%에서 2013년 63%로 확대됐다.[31]

또한 데이터와 커뮤니케이션 영역에서 연결성이 떨어진다는 건 이 한 영역만의 문제가 아니다. 이제 모든 경제는 디지털이고, 디지털의 문제는 전 경제의 문제다. 따라서 데이터와 커뮤니케이션 영역에서 연결성의 문제는 무역, 서비스, 금융 등을 포괄한 전 영역에서 초연결 시대의 경쟁력을 하락시키는 요인이 될 수 있다.

위기는 동전의 어느 쪽 면을 보느냐에 따라서 위협threat 이기도 하고, 기회opportunity이기도 하다. 초연결의 시대에 우리는 말로 앞서 왔지만, 행동으로는 그러지 못했다. 한국 정부는 그간 IT 강국, 창조경제를 내세웠지만 아직 부족한 부분이 있다. 데이터 커뮤니케이션을 가능하게 하는 통신 인프라를 구축하는 건 1차적인 문제다. 이건 우리가 1980년대, 1990년대를 거치면서 상당 부분 우수한 기초를 닦아 왔다. 이제 우리에게 남아 있는 문제는 기술적 인프라를 넘어서서 어떻게 하면 제도적 인프라를 잘 구축할 것인가 하는 것이다. 국내 인터넷 사용 환경이 불편한 건 천송이 코트를 국내 쇼핑몰에서 사기 어려운 중국 온라인 쇼핑족만이 아니다. 우리는 이제 어떻게 하면 더 빠른 인터넷뿐만이 아니라 더 자유롭게, 편하게 만들 수 있는 인터넷을 만들 수 있을지 고민해야 한다.

인터넷을 통해 지구상 어디에 있는 사람이든 순간적으로 연결할 수 있는 건 사실이지만, 그 연결이 바로 돈을 만들어내지는 못한다. 연결이 돈이 되려면 경제학에서 말하는 경제활동을 하기 위해 드는 비용인 '거래비용transaction cost'이 줄어야 한다. 특별히 선택의 폭이 넓은 온라인 환경에서는 오프라인에서보다 더더욱 시간은 금이기 때문에 상호 연결을 통해 만들어지는 경제활동에 걸리는 시간이 줄어야 한다. 인터넷을 통해 필요한, 그리고 믿을 수 있는 상품, 서비스를 찾는 데 걸리는 시간이 얼마인가? 그리고 실제로 그런 상품, 서비스를 발견한 후 구매하고, 이용하는 데 걸리는 시간은 얼마인가?

인터넷 다운로드 스피드는 A+일지 몰라도 이런 질문을 기준으로 보면 우리 인터넷은, 우리의 제도적 환경은 아직 B 이하다. 아마존이, 세계가 초연결의 시대에 맞춰 월드 와이드 웹을 월드 와이드 패스트로 만들기 위해 고심하는 동안 우리의 법과 제도는, 정책은 그 정반대 길로 가고 있다.

거시적·장기적 시각에서 보면 아마존의 도전은 곧 초연결 시대의 도전이다. 인터넷 연결만 빠른 나라가 아니라 연결이 자유가 되는 나라, 연결이 기회가 되는 나라, 연결이 돈이 되는 나라를 만들기 위해 무엇을 어떻게 해야 할지에 대해 정부, 기업, 이용자 모두 우리 자신을 철저하게 되돌아봐야 할 때다. 그것이 아마존의 국내 진출이 우리에게 주는 가장 중요한 메시지다.

4장 주

1) 성호철, "美아마존(세계 최대 유통 업체), 한국 진출 움직임… 국내 유통업계 긴장", 〈조선비즈〉, 2014년 1월 14일. http://biz.chosun.com/site/data/html_dir/2014/01/13/2014011304343.html?main_hot

2) 류한석, "옥션과 지마켓을 모두 소유하게 된 이베이(eBay)", *SmartPlace*, 2008년 9월 29일, http://www.smartplace.kr/blog_post_322.aspx

3) 김은형·황보연, "G마켓+옥션 '오픈마켓 공룡' 공정위 벽 넘었다", 〈한겨레〉, 2011년 7월 5일, http://www.hani.co.kr/arti/economy/consumer/486030.html

4) 이순혁, "구글, 한국 내 매출 올해 1조 원 추정", 〈한겨레〈〉, 2014년 3월 30일, http://www.hani.co.kr/arti/economy/it/630500.html

5) 로이터(Reuters)의 아마존 관련 재무 분석 자료 참조. http://www.reuters.com/finance/stocks/financialHighlights?symbol=AMZN.O

6) https://fresh.amazon.com/dash/

7) 정현욱. "아마존, 파이어플라이와 3D 인터페이스 갖춘 파이어 폰(Fire Phone) 공개". BeSuccess. 2014년 6월 19일. http://besuccess.com/2014/06/firephone/

8) http://www.amazon.com/Fire_Phone_13MP-Camera_32GB/dp/B00EOE0WKQ

9) http://www.wired.com/2014/01/kindle-vending-machine-shows-amazon-cant-resist-real-world/

10) Shawn Ingram, "Amazon (AMZN) Customer Loyalty Drops After Prime Price Hike", *The Street*, March. 17, 2014. http://www.thestreet.com/story/12532507/1/amazon-amzn-customer-loyalty-drops-after-prime-price-hike.html

11) Henry Blodget, "14 Years Ago Jeff Bezos Told You How To Take Over The World", *Business Insider*, Nov. 16, 2011. http://www.businessinsider.com/jeff-bezos-told-you-how-to-take-over-the-world-2011-11

12) Michael Lewis, Boomerang: *Travels in the New Third World*, New York: W.W. Norton & Company, 2012.

13) Brad Stone, The Everything Store: Jeff Bezos and the Age of Amazon. *First edition*, New York: Little, Brown and Company, 2013.

14) http://www.amazon.com/Fire-TV-streaming-media-player/dp/B00CX5P8FC15

15) http://nypost.com/2014/01/20/amazon-wants-to-ship-your-delivery-before-you-orde

16) 제프 베조스가 2014년 4월 10일 주주들에게 보낸 편지 참조. 미국 증권거래위(SEC) 사이트에서 볼 수 있다. http://secfilings.com/searchresultswide.aspx?link=1&filingid=9912701

17) http://www.youtube.com/watch?v=98BIu9dpwHU

18) http://www.amazon.com/Capital-Twenty-First-Century-Thomas-Piketty-ebook/dp/B00I2WNYJW/ref=sr_1_1?ie=UTF8&qid=1399708183&sr=8-1&keywords=21st+capital

19) http://archive.fortune.com/galleries/2011/technology/1112/gallery.amazon-all-stars.fortune/index.html

20) http://www.businessinsider.com/amazon-customer-service-and-jeff-bezos-emails-201

21) http://www.mckinsey.com/insights/operations/when_toyota_met_e-commerce_lean_at_amazon

22) Jeff Bezos, "The Electricity Metaphor for the Web's Future", *TED*, Feb. 2003. http://www.ted.com/talks/jeff_bezos_on_the_next_web_innovation/transcript

23) http://www.marketwatch.com/story/amazon-enjoys-record-setting-year-for-marketplace-sellers-2014-01-09

24) http://aws.amazon.com/ko/

25) http://www.bloomberg.com/news/2014-03-26/amazon-reduces-prices-on-cloud-servicesamid-competition.html

26) http://www.bbc.com/news/business-27055407

27) Heath P. Terry etc., "Company Update Amazon. com Inc. (AMZN)", *The Goldman Sachs Global Investment Resesarch*, Jan. 6, 2014, pp.1-14.

28) Trefis. "Trefis Analysis for Amazon". Trefis for Professional Investors. Mar. 7, 2014. p.1.

29) Ibid, pp.2-3.

30) Brad Stone. The Everything Store: Jeff Bezos and the Age of Amazon. First edition. New York: Little, Brown and Company, 2013.

31) James Manyika etc., "Global Flows in a Digital Age", *McKinsey Global Institute*, Apr. 2014. http://www.mckinsey.com/insights/globalization/global_flows_in_a_digital_age

파괴자들
ANTI의 역습

1판 1쇄 발행 | 2014년 11월 25일
1판 3쇄 발행 | 2016년 1월 15일

지은이 김인순, 김재연, 손재권, 엄태훈
펴낸이 김기옥

프로젝트 디렉터 기획1팀 모민원, 권오준, 정경미
커뮤니케이션 플래너 박진모
경영지원 고광현, 김형식, 임민진

디자인 투에스, 네오북
인쇄·제본 (주)에스제이피앤비

펴낸곳 한스미디어(한즈미디어(주))
주소 121-839 서울특별시 마포구 양화로 11길 13(서교동, 강원빌딩 5층)
전화 02-707-0337 | **팩스** 02-707-0198 | **홈페이지** www.hansmedia.com
출판신고번호 제 313-2003-227호 | 신고일자 2003년 6월 25일

ISBN 978-89-5975-618-6 13320

책값은 뒤표지에 있습니다.
잘못 만들어진 책은 구입하신 서점에서 교환해 드립니다.

종이책과 디지털의 혁신적 만남

[커넥티드 북] 서비스 안내

한스미디어는 종이책과 전자책의 장점을 결합한 새로운 개념의 [커넥티드 북 Connected Book] 서비스를 실시합니다. 종이책 발간 후 본서 내용의 업데이트나 수정 등이 있을 경우 이를 전자책에 반영하고 독자가 실시간 으로 확인할 수 있도록 하는 것입니다. 종이책이 갖는 가독성의 장점과 디지털이 갖는 손쉬운 업그레이드의 장점을 결합하여 독자에게 보다 빨리, 보다 정확하게, 보다 나은 지식과 정보를 제공할 수 있을 것입니다.

본 서비스의 자세한 사용법에 대해서는 절취선을 따라 자른 후 안쪽 페이지를 확인하시기 바랍니다.

[커넥티드 북] 서비스 사용법

① 다음 서비스 이용권 번호를 확인합니다.

hans02-GLKWB-07315

② 독자 인증을 위해 위 이용권 번호와 독자의 메일 주소를 다음과 같은 메일로 보내주세요(개인 이메일은 구글 드라이브에 접근할 수 있어야 하므로 gmail을 이용하는 것이 좋습니다).
be.disruptors2@gmail.com

③ 독자 인증이 끝나면 한스미디어에서 인증 확인 메일을 보내드립니다. 인증 메일에는 명예 선언, 즉 '아너 코드Honor Code'가 포함되는데 주 내용은 다음과 같습니다. 여기에 동의하고 메일을 회신하면 서비스 접근권을 가지게 됩니다.

① 나는 하나의 계정(이메일)으로 등록할 것이다. ② 본 계정으로 저자 및 출판사가 발송하는 책의 업그레이드된 내용과 관련 광고를 수신하는 데 동의한다. ③ 저자의 저작권과 창작권을 존중한다. ④ 저자 동의 없이 책 내용을 다운로드 후 재배포하지 않는다. ⑤ 개인 참고용 자료 외에 저자 동의 없이 저작을 재가공하거나 재판매하지 않는다. ⑥ 책의 내용을 전제 혹은 소셜네트워크서비스에 공유할 경우에는 그 출처를 밝힌다. ⑦ 아너 코드를 위반한 사실이 확인된 계정은 커넥티드 북 계정 접근권이 삭제되며 추가 업데이트에 대한 이메일을 수신하지 못하게 된다.

④ 본 서비스는 스마트폰이나 태블릿PC를 이용하는 것이 가독성이나 연결성에서 편리합니다(물론 일반 PC에서도 구글 드라이브 https://drive.google.com 에 접속하면 동일한 서비스를 이용할 수 있습니다). 스마트폰이나 태블릿PC에서 구글 드라이브 앱을 다운받아 구글 드라이브에 접속합니다.

• 책 내용의 업데이트는 수시로 진행되며 이를 독자에게 이메일로 알려드립니다.